USER FRIENDLY

Die Deutsche Dialekt-Ausgabe

USER FRIENDLY

Die Deutsche Dialekt-Ausgabe

von J. D. „Illiad" Frazer

Dialekt-Übersetzungen von diGriz, lurker69 & saminz

O'REILLY®

Beijing · Cambridge · Farnham · Köln · Paris · Sebastopol · Taipei · Tokyo

User Friendly – Die Deutsche Dialekt-Ausgabe

von J.D. „Illiad“ Frazer

Übersetzung: diGriz, Bernd „lurker69“ Reh & Susanne „saminz“ Amberg
Lektorat: Michael Gerth, Susanne Aping, Beate Erdfelder
Grafische Bearbeitung: César Rodríguez Archilla, Geesche Kieckbusch
Umschlaggestaltung: J.D. „Illiad“ Frazer
Produktion: Karin Driesen, Köln
Satz: Conrad Neumann, München
Belichtung, Druck und buchbinderische Verarbeitung:
Druckerei Kösel, Krugzell; www.koeselbuch.de

Kommentare und Fragen können Sie gerne an uns richten:
O'Reilly Verlag
Balthasarstr. 81
50670 Köln
Tel.: 0221/9731600
Fax: 0221/9731608
E-Mail: kommentar@oreilly.de

Bibliografische Information Der Deutschen Bibliothek
Die Deutsche Bibliothek verzeichnet diese Publikation in der Deutschen Nationalbibliografie; detaillierte bibliografische Daten sind im Internet über http://dnb.ddb.de abrufbar.

ISBN 3-89721-380-X

Dieses Buch ist auf 100% chlorfrei gebleichtem Papier gedruckt.

Inhalt

Saarländisch

Vorwort von lurker69

Als ich ca. 2000 anfing, UserFriendly zu lesen, dachte ich erst, dass dies nur ein kurzes Zwischenspiel werden würde. Als ich dann eine schlechte deutsche Übersetzung im Userforum fand, dachte ich, „Schnell mal einen Account einrichten, um das zu kommentieren" – und jetzt bin ich nach vier Jahren nicht nur mit einem für mich untypischen Usernamen immer noch mit dabei, sondern übersetze sogar Comicstrips ins Saarländische. Der eigentliche Grund dafür ist, das ich im Saarland aufgewachsen bin und meinen Dialekt mag.

Apropos Dialekt: Seit „Heinz Becker" (gespielt von Gerd Dudenhöfer) ist das kleine Saarland ja einem etwas größeren Publikum bekannt, trotzdem hier noch einige Hinweise zu Land, Leuten und ihrem Dialekt:

Der Saarländer als solcher, seit Jahrhunderten Spielball zwischen Deutschland und Frankreich, im letzten Jahrhundert sehr stark durch Kohle und Stahl geprägt, ist eher ein gemütlicher, heimatverbundener Mensch. Das äußert sich auch im Wunsch nach einem eigenen Häuschen (lange Zeit war der Anteil an Hausbesitzern prozentual höher als in Baden-Württemberg), höheren Ausgaben für Essen & Trinken als im Bundesdurchschnitt, seltsamen Grillritualen (man befrage Google nach „Schwenkbraten Schwenker"), und nicht zuletzt einem gemütlichen, um nicht zu sagen lustigen Dialekt, der für schnelles Sprechen nicht gut geeignet ist.

Aussprachebesonderheiten

Ein „ch" wie in „ich" kennt der Saarländer nicht, das wird prinzipiell zu „sch". Im Text auftauchende „ch" werden stets wie in „Fach" ausgesprochen.

Der Vokal „a" wird stets länger als im Hochdeutschen gesprochen, auch wenn er nicht verdoppelt oder als „ah" geschrieben ist.

Ein „ö" wird im Saarländischen meist zu einem langen „ee", ein „ü" meist zu einem „ie".

Der im Buch als „ò" gesetzte Vokal spricht sich als offenes, langes „o", das es so im Hochdeutschen nicht gibt. Er klingt etwas dunkler wie das „a" in den englischen Wörtern „all", „hall" oder „yawl".

Wörterverzeichnis

aach	auch
ahrisch	arg
allemòhl	selbstverständlich
Au'	Auge
awei	jetzt
awwer	aber
bees	böse
Buwe	Buben
Daa	Tag
Daach	Tag (in Verbindungen, z.B. Daachs iwwer)
das glaabsche awwer	selbstverständlich
demit, defor, dezu	damit, davor, dazu
dòh	da
Ei jòh	ja
Ei nää	nein
em	dem
emòhl	mal
fròòd	fragt

Gudde Morje	Guten Morgen	me	ein, einem
Gunn Daach	Guten Tag	meeschlisch	möglich
Gudd Naachd	Gute Nacht	mòhl	mal
hääschen	heißen	nòh	nach
hasch' de	hast du	N'Òmend	Guten Abend
heeflisch	höflich	Pälzer	Pfälzer
heit	heute	saan	sagen
kenn	kein	Salü!	Hallo
krien	kriegen	Staabpüppsche	Dustpuppy

Wie bei den meisten Dialekten gibt es auch im Saarländischen Wörter, die eine ganz andere Etymologie als ihr hochdeutsches Pendant aufweisen:

Äschefuhr	Müllabfuhr
Kärjop	Friedhof (wörtlich Kirchhof)
Saarländischer Adventskranz	Ein Ring Lyoner mit vier Flaschen Ur-Pils drauf (alternativ vier Flaschen Maggi-Würze). Lyoner ist die favorisierte, ringförmige Fleischwurst des Saarlandes und Karlsberg Ur-Pils das erfolgreichste lokale Bier.
Schaffschuhversch-deckler	Faulenzer, Drückeberger (wörtlich übersetzt „Arbeitsschuh-Verstecker" – ein Bergmann, der durch Verstecken seiner Sicherheitsschuhe erreichen will, dass er nicht unter Tage fahren muss)
Sießschmier	Marmelade (wörtlich Süßschmiere)

Redewendungen ...

Lass mich doch bitte in Ruhe!	Oh, geh foat!
Wir waren davon sehr angetan.	Uns hat's ahrisch gudd gefall.
Hätten Sie vielleicht ein Stückchen Draht für mich zur Verfügung?	Hann Sie Dròht dòh?
Diejenigen, welche hier gestern Draht gekauft haben.	Ei, die, die dòh geschdern Dròht gekaafd hann.
Wir haben ein Brathuhn zubereitet. Dazu reichen wir Bratkartoffeln an Endiviensalat.	Mir hann e Hinkel gebròd. Dezu gebbd's Endievsche unn Bròdgrumbeere.
Dieses Getränk schmeckt entsetzlich!	Wenn du das dòh me Esel ins Ohr schiddscht, laafd der rickwärds bis uff Pariss!

& Wortspiele:

„Sinn die Weck weg?"

„Jòh, die sinn all all."

„Ei, wer war dann dòh dòh?"

„Ei, vom Aldi die. Unn vom C&A aah."

TACH, ISCH HANN DÒH A PROBLEM. ISCH HÄÄSCHE KARL FLORZER...
DAS DUD MA ESCHD LÄÄD, AWWER DÒH KANN ISCH IHNE AH NET HELFE.
EI, JÒH, AWWER MA HAT MA GESAAD, ISCH HÄDD A "IQ-KONFLIKT".
JÒH MEISCHDER, DO KANN ISCH NUR ZUSCHDIMME.
DIE ANNERE LÄÄDE, WENN DÒH DIE GIEKS GUDDIE LAUN HANN.
UNN WAS FA A COMPUTER HANN SIE?
A MÄCK.
WAS FIR E MÄCK DANN?
EI E INTOSCH, DU DEPP. WAS GEBD'S DANN DÒH SONSCHD NOCH?
BEI ERIS, DÒHDEVOR HANN ISCH JÒH TATSÄSCHLISCH KENN ANTWORD.
SIESCHDE DORIS? ISCH HANN DA JÒH GESAAD, DASS ISCH MEH IWWER COMPUTER WÄÄS, WIE DÒH DIE INDERNETT-BUWE.
EY, SA MÒHL, HASCH' DE GEWUSST, DASS DENNE FREIDAA DE DAA ZU EHRE VON ALLE SYSADMINS ISS?
AWWER... DAS ISS DOCH DE 26. JULI.
EI, JÒH. NAH UNN?
DAS PASST IRSCHENDWIE NIT RISCHDISCH.
WIE, WAS SOLL'N DAS HÄÄSCHE, "ES PASST IRSCHENDWIE NIT RISCHDISCH"? WAS WÄR DANN "RISCHDISCHER"?
EIJA, ALSO DE KERZESCHDE DAA VOM JÒHR WÄR SCHOMMOH A GUDDER AANFANG!

EI SID, ISCH HANN GRAD VOM BÖRSEGANG VON GUUGEL GEHEERD. KOMMSCHD DU ANN DIE AKTIE DRAAN?
LEIDER NIT. ISS NUR FA "U.S.-PERSONE".
EI, DAS ISS AWWER SAUBLÖD. MA KENNT EISCHENDLISCH MENNE, MIT DER INTERNATIONALE BENUTZERGEMÄÄND WÜRDE SE IHR BÖRSEGANG IWWERALL ZUGÄNGLISCH MACHE.
SCHDIMMD. AWWER WENE AUSSERHALB VON DE USA INTERESSIERDS DANN GROSS?
WAS HÄÄSCHD'N DOH "U.S.-PERSONE"?

A SCHEEN BÄÄMSCHE, ALDER!
DANKE! DOH HANN ISCH AACH DE GANSE MORJE DRAN RUMGEBOSSELD.
SCHEENE LISCHDSCHER. MUSS JOH GANZ SCHEEN WAS KOSCHD HANN, DIE ALLEGAR SESAMME SE KRIEHN.
EI EISCHENDLISCH GAR NET.
WÄÄSCHDE, DIE DOH LÄMPSCHER KOMME MA IRSCHENDWIE BEKANNT VOR.
ISCH KANN DA VERZEHLE, DIE WARE ACH GANZ SCHEEN SCHWER RAUS SE PUHLE...
SCHORSCH, UNSER MODEM-RÄCKS SINN GEPLÜNNERD WOHR.

AH JA... DU HASCHD ALSO DIE MODEM-LEDS RAUSGEPUHLD UNN SE ALS WEIHNACHTSBAAMLÄMBSCHER BENIZD?
EI JOH, WAS IWWERISCHENS GANZ SCHEEN NERVISCH WAR, WEIL ISCH DIE SCHRAUWE NIT RAUSKRIEHT HANN.
DU HASCHD... DIE SCHRAUWE... NIT RAUSKRIEHT?
OH LECK, SAA BLOOS NIT, DASS DU JED' SCHRAUB ÄÄNZELN ABGEPEZD HASCHD...
WASSE QUATSCH! IHR GIEKS HANN MIR DOCH BEIGEBRUNG, IMMER ES RISCHDISCHE WERKZEICH SE VERWENNE!
(HEIL) MEI ARME KINNER... IHR KLÄÄNE, ZERSCHMEDDERDE KÄRPER...

ISCH KANN IMMER NOCH NIT GLAAWE, WAS DE SCHDEFFAHN GEMACHD HAT.
UNN WAS NOCH VIEL SCHLIMMER ISS, ISCH GLAAB, DASS ER DENKT, ER HÄTT EBBES NEDDES GEMACHT.
ER HAD A BAAM FA UNS GESCHMICKD UNN NE MIT DENNE GANZE MODEMLEDS RISCHDISCH GIEKMÄSSISCH GEMACHT.
ISCH WÄRRE NE AWWER TRODSDEM UMBRINGE.
DAS ISS AWWER NIT GANZ, WAS ISCH UNNER FESCHDLISCH VERSTEHN DUUN, DU IWWERZWERSCH.
OCH, DAS, WAS ISCH MIDDEM MACHE, ISS SCHON WEIHNACHTLISCH. ISCH WÄRRE NE MID NA GOLDENE KORDEL ERWÜRSCHE UNN MIR WÄRRE ZIEMLISCH VIEL VIOLETT UNN ROT SIEHN.
EI SAA MOHL SCHDEFFAHN, IS DIR DANN KLAR, DASS DU UNSA GANZER MODEMPUHL GESCHPRENGD HASCHD?
JA UNN?
EI JEDZD KRIEN UNSER KUNNE KENN VERBINNUNG MEHR INS NETZ!
EI...
...DAS ISS DANN PESCH FA DIE TESCHNIK, ODDER?
JOH... BIS ISCH DIE HOTLEIN-NUMMER UFF DEI ANRUFBEANTWORDER WEIDERLEIDE.
OH SPEZIALLEGIERDIE KRIEGSBESCHDIE, ISCH BEZWEIFEL NIT DEI MACHT; RESCHPEKTIER DISCH GENAU DESSWEESCHE, DU TROHNSCHD IWWER MIR, OB DEINER KRAFD.
KA-TSCHING PAU! KA-TSCHING PAU!)
BUDDA BUDDA BUDDA BUDDA BUDDA
E TESCHD VON DEINE FÄHISCHKEIDE BIET ISCH DIR AAN, E HERAUSFORDERUNG FA DEI LÄÄWE. SCHICK DAS DING DOH HOCH IN DE HIMMEL UNN LOSSES DORT SCHWEEWE.
FA SEKUNNE, MINUDDE, SOGAR SCHDUNNE, SOSESAACHE "ON THE FLY"; DER TRICK ISS DIE KONDINUIDÄÄD: DORSCH A STEDER SCHDROM AUS BLEI.
AUS DEM GEDICHT "MECHWARRIOR HACKY SACK" VON ERWIN, 2001 INS DEUTSCHE ÜBERTRAGEN VON LURKER
KABUMM KABUMM KABLAM KABLAM KABUMM KABUMM

EINGELOGGT IN #L337_H4XORS
MIRANDA: SINN IHR DIE DEBBE, DIE UNSA MAILSERVER ZUGEMILLT HANN?
BUNG13: JOH, WAR GANZ ÄÄNFACH!
DOOF: JAU.
W4NK3R: ISCH HANN NUR ÄHN SGRIBBT DAFER G'BRAUCHT.
MIRANDA: IHR PÄNZ SINN JOH SO LAHMARSCHISCH, ISCH WEDDE MID EISCH, DASS IHR MICH NOCH NITT AMOHL AUS EM NETZ SCHMEISSE KÄNNE.
BUNG13: GLAABSCH' DE? DISCH KRIEHN MA.
DOOF: DISCH HAU MA INN DIE PANN!
W4NK3R: SAA MOH DAI IP-ADRESS!
MIRANDA: 127.0.0.1. KOMMEN NUR HER!
BUNG13: *ABGEBROCH*
DOOF: *ABGEBROCH*
W4NK3R: *ABGEBROCH*
ALSO SCHEFF, ÄÄN GRUND, WARUM ISCH VONN DEHÄMM AUS SCHAFFE WILL, ISS, DASS DIE MIEDE HIA INN DE GEESCHEND ÄNEM ÄÄNFACH RUINICRE. ISCH MUSS SCHONN JEDZD A GANZIE SCHDUNN WEG WOHNE, UM MA IWWERHAUBT A VANINFDISCHES PLÄZJE LEISCHDE SE KENNE.
ALSO ÄÄNI SCHDUNN ENDFERNUNG ISS NOCH KENN GRUND FA HÄMMARWED.
AHH JA. WENN ISCH JÄZD A GUDD SCHDICK WEIDER WEG WOHNE DÄD, WIRDE SE SICH'S DANN NOCHEMÖHL IWWERLECHE?
EI JÖH, WARUM NIT?
UNN WIRD TAHITI WEID GENUCH WE...
NÄÄH!!
HORSCH AMÖHL, ISCH SAAN DA JEDZD MÖHL WAS: WENN DE WILLSCHD, DANN BAUE MA DA OFFM PARKPLATZ A PAPPSCHACHTEL HINN. DORT KANNSCH' DE DANN LÄÄWE UNN INNERHALB VONN SEKUNNE OFF DIE ARWED KOMME. UNN DU HASCHD OFF ÄÄNEN SCHLACH AACH DEI MIETPROBLEM GELEEST.
HÄDD DIE SCHACHTEL AACH INDERNETTANSCHLUSS?
NÖ! NAJA, MA KÄNNT VIELLEISCHD..... NÄÄ!!

SCHORSCH AMM ROHR, WIE KANN ISCH IHNE HELFE?
ESS INDERNETT ISS KAPUDD. UNN ISCH WILLS **JEDZD SEFORT** REPARIERD HANN.
AWWER...
ZANKE SE NIT MIT MIA! ISCH BINN A **AHRISCH GUDD** AUSGEBILLDIE GESCHÄFTSFRAH, DIE AUSSERDEM **KENN ZEIT HATT!** LOS, ANN DI ARWED, DU WURM!
ISCH MERKE, DASS DIR'S ENDLISCH DIE SPROCH VERSCHLAH HAD. ISCH KÄNNT WEDDE, DASS DE SCHON AM REPARIERE BISCHT.
LIEWE FRAH, SIE HANN KENN AHNUNG, **WIE GUDD** ISCH DAS BEHEEWE WÄRRE. WIE WAR NOCHMÖHL IHR ADRESS?
SPRENGKOPF SCHARF!
KNIPPS!
HEY, EI SAA MÖH, DAS DÖH **ISS** DOCH NIT MEI TASCHDADUR.
ÖHH, JÖH. WOLLD ISCH DIR EISCHENTLISCH GRAD VERZEHLE...
MIR HANN A PAAR VON DENNE TASCHDADURE OHNE SCHIFT UND SCHIFTFÄSCHTSCHDELLTASCHDE BEI ME AUSVERKAAF BESORSCHT. JÖH, UNN DÖH HANN ISCH GEDACHT, DU WOLLSCHT DAS BESCHDIMMT EMÖHL AUSPROBIERE...
KENN SCHANGSE, WENN DU DÄNKSCHT, DASS MISCH DAS IRSCHENDWIE HEEFLISCHER MACHT.
SO A MISCHT! ISCH BINN ÄÄNFACH NIT GUDD GENUCH FA DAS MÄNNEDSCHERZEISCH.
MIRANDA? ISCH BINN DIE BERADERINN FER GEWÄRBLISCHE SYSCHDEME. ISCH BIN DOH, UM DA SE HELFE, DEI ABLEIF SE OBDIMIERE. UNN WÄR WÄÄS, VIELLEISCHT FINNE MA JOH AH NOCH A PAAR NEIE INKOMMENSQUELLE.
JOH. HANN ISCH GEHEERD.
ISCH GLAAB, MIR WÄRRE GUDD MITENANNER SCHAFFE.
OH ISCH DENK SCHONN, DASS MER GUDD MIDDENANNER AUSKOMME WÄRRE.
HATT DIE PROBLEME.
HATT DIE SCHWÄRE KNOCHE.

SAA MÖHL ERWIN, HASCH` DE AACH SCHONN ES PEARL GETROFF?
JÖH. LEIDER.
WAS GLAABSCHD'N DU, OB ISCH DIE VIELLEISCHD MÖHL ZU KAFFEE UNN KUCHE INNLADE KÄNNT?
DÖH WÜRD ISCH MISCH AWWER BEEILE. DE SCHORSCH BAGGERT SE SCHON GRAD AHN, UNN DU WÄSCHT JÖH, WAS DER FIER A SCHARWENZLER ISS.
ISCH BINN NIT VÄRHEIRAD.
ISCH BINN NIT IWWERRASCHD.
ÄI, WAR DAS DÖH GRAD ELLISON IHR LARRY, DER DÖH ANN UNS VORBEI GANG ISS? OFFS KLO?
JÖH.
DER HAT JÖH KENN AHNUNG. MICROSOFT ISS NÄMMLICH DERJENISCHE, DER HIER DIE KLOS SPENDIERT HAT. ALSO NUR AMOH SO, UM SE ZEIE, WIE REISCH SE SINN IM VERGLEISCH ZU ORACLE. WINZISCHWÄÄSCH HAD NÄMMLISCH A GANZ SCHBÄZIELLES KLOBABIER AHNGESCHLÄFD.
EI WAS MÄNNSCH` DENN MIT SCHBÄZIELL?
EI ORACLE-AKZIE.
ISCH HASSE DENNE SCHEISS-KERL!!!
`S LÄÄWE SOLLD MEH WIE A COMBJUDER-SCHBIEHL SINN. HEIT ISS SO A SCHEENER DAA, MAH SOLLD GRAD A SKRIEHNSCHOTT VON MACHE.
A RISCHDISCH SCHEENER, VIEREZWANNSISCH-BIT, HAI-RES SKRIEHNSCHOTT. DAS WÄR ESCHD E AHRISCH NITZLISCHIE COMBJUDER-SCHBIEHLFUNKTION FA'S ESCHDE LÄÄWE.
SAA MÖHL, MACHD MISCH DER FUMMEL DÖH FETT?
UNN NIT SE SCHWÄTZE VON DE LÄÄWENSREDDENDE "SCHBIEL ABSCHBEISCHERE/ WIDDERHÄRSCHDÄLLE"-FUNKTION.

SAA MÖHL, WANN KANNSCHD'N DU MIA SO A PRO-DACK-TIWITIEH SCHDEISCHENDERE PROGRAMMSWUITT OFF MEINEM PC INSCHDALLIERE?
AN DEMM DAA, WO DU A SATZ OHNE NEIDEITSCHES MODEWORT SAASCHT.
DAS SIESCHE, SOSESAACHE, **RISCHDICH!**
AWWER... DAS WÄR JOH, SOSESAACHE, **NIE!**

SAA MÖHL, HASCH' DE GESIEHN, WO DIE KLÄÄNE, GEILE GESCHÄFTSANALYSTIN HINN GANG ISS?
EI DE SCHORSCH ZEIT IHR, WIE MA FÖRST-PÖRSN-SCHUUTER SCHBIELT.
WASS? ER KANN IHR DOCH NIT BEIBRINGE, WIE MA DAS SCHBIELT. SIE BRAUCHD A PROFI!
EI DANN GESCHDE WOHL BESSER MÖHL RIWWER, UNN ZEISCHT IHR, WIE'S GEHT.
...UNN WENN DE DENÄÄWE SCHISCHT, SAASCH' DE ÄÄNFACH "DIE KRAFT FLIESST STARK IN IHM". AWWER SAAS NIT SE OFT, ODDER DU SCHDEESCHD WIE A DEPP DÖH.
ALLES KLAR.
EMMM, SAA MÖHL, WIEVIEL ISS'N SE OFT?

EY, HAD DE SCHORSCH SISCH SCHONN GEMÄLLD?
EI, DER HADD AANGERUHF. DAS, WASS ER SICH AHNGEGUCKT HAT ISS - UNN JEDZD HALL DISCH FESCHT - A "SEHR HÜBSCHE KARTONSCHACHTEL"
A PENNERVILLA? ISS DÄR VARICKT WOHR?
BLEIB UNNE. DE SCHORSCH ISS KENN SO DEPP
...UND NEBENAN IST DAS DSL-MODEM ...
VERFLIXT NOCH EMÖHL!!

LOOS IHR IWWERZWERJE, VERZEHLE MIA MÖH SEFORT, WIE MA DAS DING DÖH VON MEINEM GRIMMES KRIEHT.
SCHMATZ JAMM GRR
EI KLAR, SCHDEFFAHN. ERWIN, GUCK DOCH MÖH NÖH, WIE MA DAS MACHT.
SCHONN DEBEI...
DÖH SCHDEHT: NEMME SE SICH A LANGES SCHTICK LAGRITZ, SCHIEWE SE SICH'S DIE NAAS HOCH UNN DÖRSCHS ANNERE NASELOCH WIDDER NUNNER, UND DANN HIEN UNN HÄR ZIEHE, WIE MIT DE ZAHNSEID.
KAU NAG
EI JÖH. NA DANN. ISCH MACH ALLES, DAMID DAS SCHNECKEVIEH DÖH VON MIA RUNNER GEHT.
SAA EMÖL, DU HASCHD DOCH NIT WÄRKLISCH NÖHGEGUCKT, ODDER?
EI WÄÄSCH' DE... ÖH GEH FOAT!
SALÜ. SAAN MÖH, WASS ISSEN DÖH MIDDEM SCHDEFFAHN LOS?
EI, DE ERWIN HADDEM VERZEHLT, DASS ER SISCH LAGRITZ DORSCH SAI NASELÄSCHER ZIEHE MUSS, UM'S CTHIA VONN SEINEM GRIMMES ZU KRIEHN.
DE ERWIN HAT IHM WAS VERZEHLT??!
AWWER DE SCHDEFFAHN HAT GEMÄÄNT, DASS ER ZU VIEL SCHISS HÄTT, UM'S SELWER SE MACHE.
SO ISSES RISCHDISCH. ICH HANN GESAAD KRÄFDISCH.
WARUM HANN ISCH IMMA NUR MIT RÖHRSCHER SE DUUN, DIE AUS DE NAS HÄNGE?
AAUUUUTSCH!!
ACH DU LIEWER HIMMEL! SAAN NUHR, DE SCHDEFFAHN...
JÖH. HAT SICH DE LAGRITZ DORSCHGEZÖH. ODDER ZUMINNISCHD VERSUCHD.
WAAAAAAHHHH!!
ER BRESCHT STÄNNISCH DAS ÄNN AB, AN DEMMA ZIEHT, SO DASSER IMMER WIDDER RUMWORSCHTELE MUSS, UM ES ÄNN NOCHEMÖHL RAUS SE FIDDELE.
AAUUUUAAAHH!
AWWER WARUM ZIEHT ER DANN NIT ÄÄNFACH AM ANNERE ÄNN?
ACH SO, JÖH, DAS HÄDD ISCH'M NADIERLISCH SAAN KÄNNE.
WERR LÄSST LAKRRITZ LIEGEN HERRUM? SCHMECKT GUDD!

HÄY, SAA MÖHL, EM A.J. SEI DIER ISS JÖH ABGESCHBERRT.
JÖH. ER HAT DE GANSE MORJE GEJAMMERT, DASS ER NIT GENUCH GELD HAT, UM SICH DÖH SO A X-BOX SE KAAFE.
AH SO... AWWER WARUM ISSN DANN DIE DIER ABGESCHBERRT?
EI, ER ISSM SID OFF DE NISCHEL GANG. DER ISS JEDZD BEI IHM DRINN UMM "DAS PROBLEM ZU LÖSEN", WIE MA SO SAAD.
DU WOLLSCHT A X-BOX? DÖH HASCH` DE DEI DÄMLISCHIE EX-BOX!

ALSO ISCH KANN`S ÄÄNFACH NIT GLAAWE, WAS DU DÖH VON MIA WILLSCHD.
DU MUSCH`S AWWER MACHE. DAS GEHEERT ZUR "DJUHN-ERFAHRUNG", DIE UNSERE BENUDZER ZUSTEHT.
DAS ISS SO IWWEL...
BIMMEL! BIMMEL!
BIMMEL! BIMMEL!
EI GEH DRAHN!
ARRAKIS INTERNET. ISCH SIEHN AUS WIE DE STING UNN HANN A LÄNDESCHURZ AUS LEDDER AN. WIE KANN ISCH IHNE HELFE?

SCHORSCH, DER TESCH-GHOLA AM APPARAT.
HALLO!... ISCH HANN GRAD DREI STUNN MIA ÄNNER ABGEBUGGELT, A BRIEF SE SCHREIWE, UNN DANN ISS WINDOWS PLÖTZLISCH GANZ BLAU WOHR. AWWER ISCH HANN GELÄÄS, DASS ISCH SIE MIT DEM DJUHN-PAKETZUGANG DEZU BE-SCHTIMME KANN, MISCH SE UNNERSTÜTZE...
... ALSO BESCHTIMM ISCH SIE DEZU, MEI BRIEF DÖH FA MISCH SE SCHREIWE.
EI JEDZD HERE SE MÖHL, FROILLEIN...
DAS ISS DIE SCHTIMM! DU MUSCHD!
ISCH MUSS NIT!
...UNN ISCH WILL, DASS SIE NE MIDDEM EMACS SCHREIWE, WENN SE DE VI BENUDZE, UNN MIDDEM VI, WENN SE MIDDEM EMACS SCHREIWE.

TACH, ISCH HANN VOR A PAAR MONADE WINDOWS XP INSCHDALLIERD UNN...
ISS IHNE EISCHENDLISCH KLAR, DASS XP ÄRSCHT SEID LEDSCHDER WOCH SE KAAFE ISS?
BUHB!!! KOMM DU MÖHL SOFORT A RUNNER!
GELL, ISS SCHON SCHLIMM, WENN SE SCHON SOH FRIEH DAMIT ANFANGE, ODDER?

SCHEFF? ISCH WOLLD NUR BESCHÄÄD SAAN, DASS ISCH A GUDDIE MEESCH-LISCHKEID GEFUNN HANN, HIER DIE PRODUKTIVITÄD SE SCHDEISCHERE.
EI WERKLISCH?
WERKLISCH. ISCH HANN A LISCHD MIT PROGRAMMBEFEHLE FÜR UNS NIT-PROGRAMMIERER SESAMME GESCHDELLD, DEN DIE TECKIES IMPLEMENDIERE SOLLE. ISCH HANNE GESAAD, DASS A PAAR SCHDUNN, DIE DÖH INVESTIERT WÄRRE, UNS SPÄTER WOCHE INSPAARE WÄRRE.
UNN WAS SAAN DIE TECKIES DEZU?
ES SAGEN "MWIW(X)". WAS BEDEUTEN "MWIW(X)"??
ALSO DÖH NÖH AM SCHDEFFAHN SEINER DOKU ISS DAS ES KOMMANDO FA "MACH WAS ISCH WILL MIT (X)".

MIRANDA, MIA KENNE DIE NEIE "SCHDEFF-CODES" NIT ENTWICKLE - DAS ISS, WIE WENN MA ME DORSCHGEKNALLDE POSCHDANGESCHDELLDE E FLAMMEWERFER GEBD.
ISCH WÄÄS, AWWER DE SCHEFF HAD'S GENEHMISCHD.
OH JEH. WÄÄS DE SCHEFF AACH, DASS DE SCHDEFFAHN A PAAR VON SEINE NEIE PROGRAMMBEFEHLE SCHON IN UNSERE BACKUP-SKRIPTS "AUSPROBIERD" HAT?
UNSA BACKUP-SKRIPTS? WASS??
AH, DA SEIÄN PRROBLÄM. HIER SAGEN: "IF DEV(DISKO)=FULL, OPEN DEV(HYPERSPACE), SAVE."
ACH IHR GIEDISCHE GÖDDER.

EI WAS ZUM DEIFEL ISS'N DAS?
OOCH, NUR MEI NEIER BÜROSESSEL.
KUUHL!
GUCK EH MÖHL!
ISCH MENN MEHR, WARUM KRAWWELE DANN DE A.J. UNN DE SCHORSCH DÖH UFF'M BODDE RUM?
WEIL'S A KUUHLER SCHDUHL MIT HUNNERDE VON SCHALDER ISS.
UNN AH NOCH **DER** DÖH!
MENSCH, GUCK DA ALL DIE KNÄBBSCHER AHN!
OHHH, JÄHHH.

EMM MISCHEL SEI SCHDUHL ISS ESCHD GEIL.
JAU, ISSER. DER HAT BESCHDIMMD IWWER ZWEI MILLJOHNE INNSCHDELLUNGS-MEESCHLISCHKEIDE.
DE MISCHEL ISS JOH UNSER BESCHDER FREIND...
...DAS HÄÄSCHD, ER WERD UNS NIT NÖHDRAHN, DASS MA A PAAR INSCHDELLUNGE AN SEINEM SCHDUHL GEÄNNERD HANN.

HALLO, ISCH BIN DER CRACKER, DER SISCH DE ZUGRIFF OFF 2,2 MILLJONE KREDITKAARDE VERSCHAFFD HAT.
GLICK FA DISCH, AWWER WIE KANN ISCH DA DÖH HELFE?
EI... MEI VERBRESCHE MACHD DIR NIX AUS?
DEI GENIALIDÄD ISS BEWUNNERUNGSWERD. ES ISS HALD DÄÄL VOM GROSSE TRAUM DES WESCHTENS.
EI DÖH BIN ISCH... DOCH FROH, SOWAS SE HEERE. ALSO HORSCH EMÖHL, ISCH VERSUCH GRAD, MIR MIT ALL DEM KREDIT A KLÄÄNIE, HIBSCHIE INSEL SE KAAFE. SESAMME MIDDEM ZUGEHEERISCHE SCHDACHELDRAAT, WAFFE, MUNITION UNN SO, UM SE ZU VERTEIDISCHE. SO ALS KLÄÄNER KEENISCH SOSESAACHE. KLASSE IDEE, ODDER?
OHNE JEDE ZWEIFEL. UNN WO ISSES PROBLEM?
EI, ALLE KAARDE SINN **IWWER'M LIMIT!!** WAS MACH DIE LEIT DANN NUR??
EI, PORNO-SEITE KOSCHDE 19,95 IM MONAD. DE GROSSE TRAUM DES WESCHTENS HAT HALD SO SEI KOSCHDE, ALDER.

JEDZD AWWER MÒHL LANGSAM, NE? IHR WOLLE MIA ALSO VERZEHLE, DASS MA DORSCH INSCHDALLIERE VOM WINDOWS XP SO RUMSCHWEWE KANN WIE IHR JEDZD?
EI JÒH. DAS GEHEERT ALLES ZU DER "WINDOWS XP ERFAHRUNG", DIE ÄNEM IN DE FERNSEHWÄRBUNG VERSCHBROCH' WERD.
PJOTR HAT DIE STAABMAUS DEZU GEBRUNG, IHM SEI XP SE INSCHDALLIERE.
HÄÄH? EI WARUM'N DAS?
WOLLDÄ SCHONN IMMÄÄR HABÄÄN HAARISCHÄR BALLONG...

MOIN, IHR BUWE. ISCH BIN HERGERUF' WÒHR, UM NOCHEMÒHL SO A PROJEKT SE LEIDE. UNN DIESMÒHL MISSE IHR MIR ALLE ALS A "TEAM" HELFE.
UNN IHR KENNE EISCH AM BESCHDE INBRINGE, WENN SISCH JEDER IWWERLEHT, WAS ER MACHE KANN, UMM'S PROJEKT VORAN SE DREIWE. ISCH WÄÄS, JEDER VON EISCH ISS A EISCHENIE PERSÖNLISCHKEID, AWWER DAMIT DAS DÒH KLAPPT, MISSENER DIESMÒHL ES "TEAM" IWWER EISCH SELWER SCHDELLE. VERGESSEN NIT, ES GÄBT KENN "ISCH" IN "TEAM"!
NOCH IRSCHENDWELSCHE FRAACHE ODDER KOMMENDARE?
"T.E.A.M." SCHDEHT FA "TOLL, E ANNERER MACHT'S"

ISCH HANN IWWERISCHENS VIEL FA UNSER PROJEKT RESCHERSCHIERT, UNN MID DER NEEDISCHEN SORSCHFALD DANN ENTDECKT, DASS DIE HEISCHESCHDE SCHPITZETESCHNOLOGIE IM JÒHR 2004 DIE "MIDDELWÄHR" SINN WERD.
:-(
:-(
ALSO WERRE IHR BUWE SOWAS MIDDELWÄHR-MÄSSISCHES MACHE...PFFFH.
ÄHH... WAS ISSEN MIDDELWÄHR?
GÜRDEL.
DAS WÜRD' MEI UNNERWÄSCH' JÒH ZUM ME PLUG-IN MACHE!

GEBT'S WAS NEIES IM NETZ, ERWIN?
MÖHL GUGGE... DE VORSIDZENDE VOM EI-KÄNN HAD VOR, DASS DIE REGIERUNGE DIE VERANDWORDUNG VOM INDERNETT IWWERNEMME SOLLE. DÖH, LÄS EMÖHL.
HMM. UNN AUSSERDEM MACHE SE DAS, UMM AUS DE EI-KÄNN A "BEWEGLISCHERE, ERFOLGREISCHERE KÄRPERSCHAFT" SE MACHE.
ALSO WIE SO A BRITNEY SPEARS?
NÄ. NAJA... VIELLEISCHD KENNDE SE... NEIN!!! OH GOTT, NÄH.

SAAN SE MÖHL, SCHEFF, HANN SIE DANN INZWISCHE ZEIT GEHATT, AMÖHL DIE 32MB GRAFIKKARD AUSZUPROBIERE, DIE WO ISCH IN IHR KISCHD' BEI IHNE DEHÄMM INNGEBAUT HANN?
ÖHM, JÖH. KLAPPT TOLL. DANKE MISCHEL.
KLASSE. WOLLT NUR SISCHER GEHN.
ISCH WOLLT'S EM JÖH NIT SAAN, AWWER EXCEL SIEHT KENN STRATZ BESSER AUS.
SIE SOLLDE JEDZD IRSCHENDWIE MEHR "BILDUNG PRO SEKUNN" HANN, ODER SO ÄHNLISCH.

HEI DE NEI, WAS'N DAS?
PJOTRS GEHIRN.
EI, DAS SIEHT AUS WIE A DICKIE, FETTI ROSIEN.
UNN WAS MACHSCH' DE JEDZD DEMIT?
MACHE? DAS ISS E GEHIRN, ERWIN. WAS SCHLAASCHD DU DANN VÖR?
WÄLZ DAS DING IN HAFERFLOCKE UNN VERKAAF'S ALS FRIEHSCHDICK.
"ROSIENE-GEHIRNSCHE"?
LECK FETT, DE PJOTR HAT WOHL NOCH MEH MIT DE REALIDÄT GEMACHD...

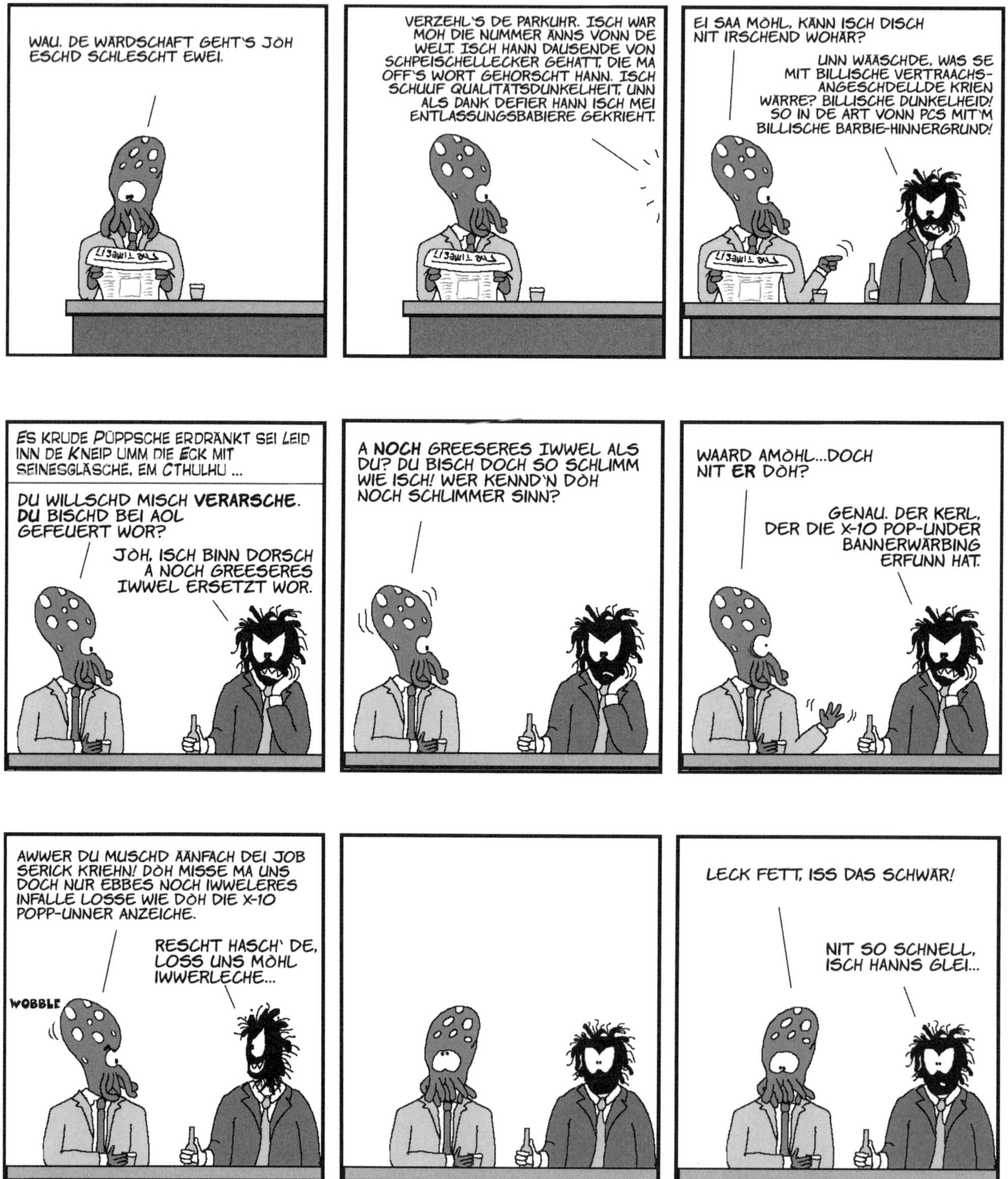
WAU. DE WÄRDSCHAFT GEHT'S JÒH ESCHD SCHLESCHT EWEI.
VERZEHL'S DE PARKUHR. ISCH WAR MOH DIE NUMMER ÄNNS VONN DE WELT. ISCH HANN DAUSENDE VON SCHPEISCHELLECKER GEHATT, DIE MA OFF'S WORT GEHORSCHT HANN. ISCH SCHUUF QUALITATSDUNKELHEIT, UNN ALS DANK DEFIER HANN ISCH MEI ENTLASSUNGSBABIERE GEKRIEHT.
EI SAA MÒHL, KÄNN ISCH DISCH NIT IRSCHEND WOHÄR?
UNN WÄÄSCHDE, WAS SE MIT BILLISCHE VERTRAACHS-ANGESCHDELLDE KRIEN WÄRRE? BILLISCHE DUNKELHEID! SO IN DE ART VONN PCS MIT'M BILLISCHE BARBIE-HINNERGRUND!
ES KRUDE PÜPPSCHE ERDRÄNKT SEI LEID INN DE KNEIP UMM DIE ECK MIT SEINESGLÄSCHE, EM CTHULHU ...
DU WILLSCHD MISCH **VERARSCHE**. **DU** BISCHD BEI AOL GEFEUERT WOR?
JÒH, ISCH BINN DORSCH A NOCH GREESERES IWWEL ERSETZT WOR.
A **NOCH** GREESERES IWWEL ALS DU? DU BISCH DOCH SO SCHLIMM WIE ISCH! WER KENND'N DÒH NOCH SCHLIMMER SINN?
WAARD AMÒHL...DOCH NIT **ER** DÒH?
GENAU. DER KERL, DER DIE X-10 POP-UNDER BANNERWÄRBING ERFUNN HAT.
AWWER DU MUSCHD ÄÄNFACH DEI JOB SERICK KRIEHN! DÒH MISSE MA UNS DOCH NUR EBBES NOCH IWWELERES INFALLE LOSSE WIE DÒH DIE X-10 POPP-UNNER ANZEICHE.
WOBBLE
RESCHT HASCH' DE, LOSS UNS MÒHL IWWERLECHE...
LECK FETT, ISS DAS SCHWÄR!
NIT SO SCHNELL, ISCH HANNS GLEI...

BOA EY... WO HASCHD'N DENNE NEIE KITTEL HER?
DER WAR BEIM KÄRPER MIT DEBEI.
EM **KÄRPER**? WIE MÄNNSCHD'N DAS?
EI JÒH, ISCH WAR DENNE ALDE, DER ME RESCHTSVERDRÄHER GEHEERT HAT, HALD LÄÄD.
DER DÒH KÄRPER HAT DÒH HINNE OFF'M BODDEN GELÄH. OHNE KOPP. UNN DER PASST **PERFEKT**!
OHHH MANN ÄI, DAS WARE MEI ESSENSRESCHDE!

...UNN DANN HAT SICH DÒH DE SCHEFFTESCHNIKER RUMGEDRÄHT. ISCH BINN AUS MEINEM KÄRPER GESCHBRUNG, UNN DER LABBES ISS VOLL ANN DIE DECK G'ANG. ALS SE NE DANN WIDDER RUNNER GEHOLD HADDE, HADDER NUR NOCH VOR SICH HIN GEBRABBELT.
HAHAHAHAHA! DAS ISS JO ESCHD SCHTARK...
ÄÄWE. DER ISS VOLL AUSGEFLIPPT.
ALSO WÄÄSCHDE, SOWAS HANN ISCH DRINGEND MÒHL WIDDER GEBRAUCHD. IRSCHENDWIE WAR ISCH FA DIE LEIT SCHONN WIE SELBSCHTVERSTÄNDLISCH.
JÒH, FLENN DU NUR. VON MIR HANN SE PLÜSCHPIPPSCHA, DIE DIE GEEKS NAACHTS MIT INS BETT NEMME.

BAAH. GUCK AMÒHL, WAS FA A DRECK ISCH DÒH VON MEINER TASDADUR ABGEKRADZD HANN.
'S SCHWABBELD!
ISCH TRAU MISCH GAAR NIT, ES FORT SE WERFE. ES KÄNNT IMMERHIN SERICK KOMME UNN MISCH UFFFRESSE.
UNN WIE WILLSCHD ES DANN LOS WÄRRE?
EBAY!
LOSS MISCH RÒHDE: UNER "BÜROARDIGGEL"?

AH! A.J.! ISCH HANN GRAD GEHEERD, DASS DE UNS BESUCHSCHD. UNN DOH WOLLD ISCH DIR SAAN, DASS ISCH VIELLEISCHD A BISSJE RUPISCH WAR, ALS ISCH DISCH WESCHE PROGRAMMIERE AN DEM SCHBIEL DOH WÄHREND DE ARWEDSZEIDE GEFEIERD HANN.
HÄSCH' DAS, DASS ISCH MEI SCHDELL WIDDER SERICK KRIEHN?
JOH, AWWER NADIERLISCH NUR MIT UFFLACHE.
MÄÄNSCHDE SOWAS WIE KENN PRIVADE PROJEKDE WÄHREND DE ARWEDSZEID?
JOH. UNN GEB MA ENDLISCH DIE TSCHIET-KOHDS FA DEI BLÖDES SCHBIEL HER!
EI DUNNERKEIL, WAS ISS'N **DAS**?
EI, DE SID HAD MA GESAAD, ISCH SOLL DIR A LINUXPARTITION UFF DEI KISCHD INSCHDALLIERE. ER WILL NUR, DASS SISCH AACH ES NIT SO TESCHNISCHE PERSONAL ANN EBBES ANNERES ALS WINDOWS GEWEHND.
WAS? WARUM? ISCH BRAUCH NUR MEI "XP-ERFAHRUNG"!
BLEIB LOCKER, SCHDEFFAHN. LINUX HAT SO EINISCHES HINNER SISCH, SEIT DU'S ES LEDSCHDE MOHL AUSPROBIERT HASCHD. LÄS MOL DOH DE KARDONG!
"WANKEL LINUX BRINGT DEN SPASS ZURÜCK IN DIE COMPUTEREI." EI **WELSCHER** SPASS DANN??
EI, SENÄGSCHD AMOHL DIR ZUSEGUCKE, WIE DU DA AUS VERSEHE ALL DEI DATEIE LÖSCHD.
UNN, WIE ISSES BEIM SCHDEFFAHN SEINER LINUXINSCHDALLATION GELAAF?
EI, DIE INSCHDALLATION ISS GLATT GANG, AWWER ER ISS GANZ KRIMMELWIEDISCH WOHR, ALS ER GEMERKD HAT, WAS DOH UFF SEINER KISCHD IS.
januar
ER HAT SISCH GEWEISCHERD, DAS SE BENUDZE, UNN GEWOLLT, DASS ISCH NE WIDDER UFF XP SERICK UMSCHDELLE DUUN.
EI, UNN WAS HASCH' DE DOH GEMACHT?
januar
EI, ISCH HANN ÄÄNFACH XPDE DRUFF GEKNALLT, SODASS SEI LINUX JEDZD WIE XP AUSSIEHD.
WAS HASCHD'N DU DOH GEMACHD? MEI SCHDARD-MENÜ ERSCHEIND SO FIX WIE DIE FEIERWEHR.

ALSO MISCHEL, ÄÄNFACH SUPER, WAS DU MIT MEINER KISCHD GEMACHT HASCHD! DAS ISSES SCHNELLSCHDE WINDOWS, DAS ISCH JE GESIEHN HANN!
ISCH MUSS DIR WAS GESCHDEHE, SCHDEFFAHN. DU SCHAFFSCHD DOH AMME LINUX MID ME FENSCHDER-MÄNNÄDSCHER, DER NUR WIE XP AUSSIEHD.
EI... ALSO ISCH BENUDZE LINUX UNN HANN SPASS DRAN? UND ES SIEHD AUS WIE XP?
NÄH... NÄH... ISCH HANN MISCH GEIRRT.

EI SCHDEFFAHN, WAS IN DREI-DEIFELS-NAME MASCHD'N DU DOH?
LINUX-KRAM.
KLACKA-DI-KLACK
TIPP-TAP-TAP
KLICK-KLACK-KLOCK
KLACK
KLICK
KLACK
KLACK
TIPP
KLACK
KLACKA-DIKLACK-KLACK
KLACK-DI-KLACK-KLACK
KLACKIDI-KLACKIDI-KLACK-KLACK
KLACK-KLOCK
KLACKI-DI-KLACK
KLACK-KLACK
AWWER SCHDEFFAHN, DU TIPSCHD JOH NUR GANZ DORSCHENANNER BUCHSTAAWE UNN SONNERZEISCHE...
EI, UNN WORIN DUD SISCH DAS VON DEM UNNERSCHEIDE, WAS IHR TYPE DIE GANZE ZEIT UFF DE KOMMANDOZEIL MACHE?
KLACK
KLACK
KLACK
TIPP
KLACK

TESCHNISCHER KUNNEDIENSCHD, SCHORSCH AM APPARAT.
EI BUB, ISCH WÄRR JEDZD SO A DIENER VOM FURSCH-BAARE IWWERZWÄRSCH PJOTR, UNN DER HAD GESAAD, DASS ISCH DISCH AANRUFE SOLL, WENN ISCH MIT MEINEM COMPUTER HUDDEL HANN.
ACH, HADDA DAS? UNN WAS FIER A COMPUTER HASCH' DE?
EI SO A BEESCH-FARWENER.
DIEN MIRR UND MEINÄN DUNKLEN LESCHIONEN UNN ISCH ERFILL DA DEIN GRÖSSTES WUNSCH.
EI GUDD DANN, SORSCH DU NUA DEFIER, DASS DUMMHÄT WEH DUUD.
ÄÄH, HALLO?

WASS HANN ISCH'N DOH GEHEERT IWWER DAS GEFIDSCHEL, DASS DIE TECKIES DE SCHDEFFAHN MID ONLEIN-GESCHWÄTZ FOLDERE DUUN?
EI SCHEFF, SIE WISSE DOCH, DASS TECKIES UND MARKETINGFUZZIES SISCH ÄÄNFACH NIT VERSCHDEHN, ODDER?
EI, UNN DAS ISS HALD IHR ART EM SCHDEFFAHN SE ZEIJE, WIE SCHWER ES ISS, OHNE A GEMEINSAMIE BEGRIFFS-WELD JEMANDEN SE VERSCHDEHN. UNN AUSSERDEHM, SIE QUÄLE NE NIT. SIE VERSUCHE NUR, ZU IHM DORSCH SE DRINGE.
SCHDOPP! ANHALLE! ENTPRIORISIERT EIER AKTUELLE TÄTISCHKEITE!
WAS HÄÄSCHDEN DAS?
EI FA MISCH KLINGT DAS NOH "SCHLA'EN MISCH FESCHDER"...
BIG FOAM CLUEBAT
BIG FOAM CL

EI, WER ISSN DAS DOH??
EI, DAS ISS DE TING KUAN. UNSER NEIER SCHDIFT.
DER FALLD AWWER GANZ SCHEEN UFF, GELLE?
JOH, SCHON. ISS NIT ÄÄNFACH, SEI ANNERSCHAR-DISCHKEID NIT SE MERKE.
MOHL EHRLISCH, WELSCHER NISCHEL HAT DANN IM MASCHIENERAUM A RISCHDISCH HEMD AN?
IRSCHEND JEMAND MUSS ES 'M SAAN.

HALLO. ISCH BIN DE SCHORSCH, DER TYP VOM SEPORD.
ESCHD NETT, DISCH KENNE SE LERNE. ISCH BIN DE KUAN.
UNN WARUM HASCH' DE DISCH HIER FA A PRAKTIKUM BEWORB'?
EI... IHR HANN HIER A GUDDER RUF, WAS EIER TESCH-NISCHIE KOMBE-DENZ ANGEHT.
UNN IHR ZAHLE EEN EURO IWWER'M MINDESCHDLOHN.
EI DANN WILLKOMME AN BORD!

ALSO JEDZD, WO DU DA DEI ARWEDSBEREISCH SCHEEN INNGERISCHD` HASCHD, WÄR'S EISCHENDLISCH ZEID, MÖH A BISSJE KOFFEIN SE TANKE...
EISCHENDLISCH TRINK ICH JÖH GAR KENN KOFFEIN.
JE MEHR ISCH WAARDE MUSS, BIS DU VERNINFDISCH WERSCHD, UM SO LÄNGER HALDSCHDE MISCH VON MEINE MORJEKAFFEE AB.
KOFFEIN, MEIN HERR! KLINGD GROSSAR-DISCH JEDZD! JAWOLLL!
ISCH RAFF'S ÄÄNFACH NIT, WARUM DU KENN KOFFEIN DRINGSCHT, KUAN. FÜR GIEKS IN ALLER WELD ISS DAS WIE LYONER UNN UR-PILS SESAMME.
KOFFEIN ISS MEHR ALS NUR A DROGE FA UNS. MA KENNT SAAN, ES ISS A ART LEBENSSAFT. OHNE DAS HÄDDE VIELE VON UNS HUDDEL, IWWERHAUPD SE FUNKTIONIERE.
TATSÄSCHLISCH ISSES FA EINISCHE VON UNS SO WISCHDISCH WIE SAUERSTOFF!
'S ISS WISCHDISCHER. MEI ADEM KANN ISCH SCHLIESSLISCH FASCHD ZWEI MINUDDE AANHALLE.
SO, SO, DU DRINKSCHD ALSO KENN KAFFEE. UNN WAS ISS DANN DEI GIFT DEINER WAHL?
SOJAMILSCH. DÖDEMIT BIN ISCH UFFGE-ZÖH WOR.
AHA.
UNN WORAUS WERD DIE GEMACHT?
AUS SOJA.
SOJA WIE IN "SOYLENT GREEN - JAHR 2022"?

ALLEE DANN. DAS HÄDDE MA. JEDZD MACH` ISCH NOCH SCHNELL A BACKUP MID UNSERER SCHARFE, NEIE, SELBSCHDGEMACHDIE BACKUP-SOFTWARE.
MACH HINN!
ÄHH, WAS SOLL DANN DOH DIE FEHLERMELDUNG "UNZUCHT-REICHENDE ZUGRIFFSRECHTE" BEDEIDE??
ISCH WÜRD GERN MOH WISSE, WER DENNE CODE VERBROCH` HAD!?
PJOTR!!
PRROGRRAMMIRRÄN UNT LÄGASTHENIE NICHT ZUSAMMÄN PASSÄN...
AHHH, "UNZUREICHENDE ZUGRIFFSRECHTE"!
HALLO. IN DE LEDSCHDE JÖHR HANN ISCH IMMER MÖHL WIDDER E-MAILS VON MEINE LESER KRIEHT, DIE SICH BESCHWERE, DASS ISCH "GIEKS" NIT REALISCHDISCH GENUCH MÖHLE.
ILLIAD
NADIERLISCH BEZIEHE DIE SISCH UFF DIE TATSACH, DASS DIE MEISCHDE GIEKS FETTE KLOPPSE SINN, AWWER VON DE U.F.-CHARAKTERE KENNER IWWERMÄSSISCH GEMIETLISCH ISS.
JEDZD HANN ISCH MIA ENDLISCH VÖHREGENOMM, DAS PROBLEM SE LEESE... UNN NOCH A BISSJE MEHR.
EI, PICASSO. KANN ISCH DISCH MÖHL A MOMEND SCHWÄTZE...
MIR SEDZE UNSERE SCHDUDIE ZUM "GEWALDISCHE ÄUSSERE" BEI DE GIEKS FORT. UNSER VERSUCHSKANINSCHE ISS INNVERSCHDANN, E KOHLEHYDRATARMIE DIÄÄD SE VERSUCHE, DIE GANZ ALLGE-MÄÄN BEI DE GIEKS ZUM HIT WOHR ISS.
VORHÄR:
...UNN NOHHÄR: BEACHDE SE AACH DIE GLICKLISCHERE HALDUNG VON UNSEREM VERSUCHSKANINSCHE.
HEER UFF, MIT MEINEM KÄRPER RUMSESPIELE!!
BEMERKE SE AACH BITTE DIE SCHLAU PARALLEL ZWISCHE UNSEREM GIEK, DER SEI SCHDRAAFGE-WISCHD WEGGEWORF HAT, UNN PIXAR, DIE DISNEY GESCHASST HANN.

ACH GOTTSCHE... SINN DAS...
FA UNS??
EI GENAU! LCD-FLACHBILDSCHIRME!
EI JOH. DE GEWINN ISS GESCHDIEH, UNN DESHALB HAT DE BOSS MIR A GREESSERES BÜDSCHEE GENEHMISCHD.
ABBAH... ABBAH...
WASS'N LOS A.J? BISCHE IN ORDNUNG?
EI, SO WERD DER JEDESMÖHL, WENN SEI SÜSCHDEHM UFFGEWERDED WERD. JEDZD MUSS ER ALL SEI ALDE SCHPIE-LE NOCHEMÖHL SCHPIELE, UM DAS "NEIE SCHPIELERGEFIEHL" SE LATZE.
ACH DU LIEWES BISSJE, MIR KRIEHN AACH NOCH NEIE TASCH-DADURE NÄCHSCHD WOCH.
ABBAHH!
AH, PROBIERSCHE ÄNNS VON DEINE ALDE SCHPIELE UFFEM NEIE BILDSCHIRM AUS, A.J?
A.J?
ER SCHPIELT ZORK.
SCHÖÖÖÖÖN!
OH LECK, NIT SCHONN WIDDER! MICROSOFT HAT NOCH A IDIODISCHES PADEND AANGEMELD.
UNN WAS ISSES DIESMÖHL?
"VERWENDUNG VON DE MENSCHLISCHE HAUT FA DE STROM SE LEITE UNN ALS DAATEBUS."
IMMER DU UNN DEI MS-GEMÄCKERE! KANNSCH' DE MA AACH NUR ÄÄN BEISPIEL ZEIE, WO DAS SCHOMOH INGESEDZD WÖHR ISS?
SCHRUBB
RUBBEL
SCHLURF
AAAAUUUUUUU!!
UNN WAS HASCH' DE JEDZD GELERND, VON DENNE "DAATE", DIE ISCH DIR GE-SCHICKT HANN?
FETZ!

KÄNNE MA ENDLISCH LOS GEHN, A.J.?
JOH. ISCH SCHDARDE NUR NOCH MEI SCHPEIWÄR-SKÄNNER FA IWWER MIDDAA.
SKÄNNVORGANG GESCHDARD... BIDDE WAARDE.
SKÄNNVORGANG FERDISCH. KENN SCHPEIWÄR GEFUNN.
HA, MISCH HASCH' DE IWWERSIEHN.
PLOPP!
MOH GUGGE, WAS ES DOH UFF DEM SCHWACHSTECKER SEI MASCHIEN' SO GEBD... UNN LOS GEHDS... LOGIN-NAME, PASSWORT... MM-HM...
WÜRD'S DIR EBBES AUSMACHE, MIR NIT IWWER DIE SCHULDER SE GUCKE? DAS ISS UNHÖFLISCH.
GRLMPFHH
AWWER WAS ISS'N DAS?
EI, ES SIEHT AUS WIE A AACHAPPEL MIT VERSCHIEDENE, FEUSCHDE AUSWÜCHS.
UNN WAS MACH' DAS DOH?
ISCH WÜRD LIEWER WISSE, WO'S HERKOMMT.
ISCH HÄDD NIT GEDACHT, DASS ES SO DOLL WEH DUUN WÜRD.
BEIM REINISCHUNGS-ALGOHOL WÄRDS DA GLEISCH NIT BESSER GEHN.

EI, WÄHREND ISCH DEI GANZE BANKDATE IWWERMITTLE DUUN, KÄNNDE MA UNS JOH EISCHENDLISCH AACH A BISJE BESSER KENNELERNE, ODDER?
ÄHH, OK.
TAP TAPP TAPPI
DEI GESCHLESCHT?
MÄNNLISCH.
ALDER?
29
WO SCHDEESCHDE POLIDDISCH?
LIBERAL
WO SCHAFFSCH' DE?
I.T.
DASS DU IN DE I.T-BRANCH' SCHAFFSCHD, HÄDDSCH' DE MA NIT SAAN KÄNNE, BEVOR ISCH MIEHSAM IN DEI BANKKONDO INNGEBROCH BIN, WO DU GRAD EMÖHL ZWEIEZWANSISCH CENTS HASCHD, ODDER?
ISCH HANN ZWEIEZWANSISCH CENTS? DOLL!
ISCH SEIN ALTEN BASCHTARD LÄÄDISCH. ER MISCH IMMER IRRIDIERÄ. SEIN BÖS SCHENIE BEI ARBEIT IN WEESCH.
ISCH WÄRRE EM VOLL AN DE KARRE FAHRE. ONLEIN-ANTRAACH AUSFILLE, BARGELDZAHLUNG VOM SCO SEINEM KONTO, UNN **VOILA!**
INZWISCHE, DRIWWE UFF DE "GIEK-WIESE, HEIM FA DIE IWWERFLISSISCHE"...
YO, BRUDER! A NEII ABHOLORDER!
"WAHRSCHEINLICH RENITEND UNN IM WIDDERSPRUCH VERHARREND." OHLECK, WIE ISCH DAS GERN HANN!
DÖH SINN A PAAR GROSSE MÄNNER, DIE DE SID SUCHE.
ESCHD? EI WARUM DANN?
KENN PLAN, AWWER SIE HANN SO A SCHAFA BLICK. ISCH WOLLD IHNE NIT VERZEHLE, WER VON UNS ER ISS, AWWER SIE HANN GESAAD: "ISS SCHON IN ORDNUNG. DER WÄRD SISCH SCHON SELWER VERRÖTE."
...UNN GRAD ERSCHD LEDSCHDIE NACHT HANN ISCH GESCHLAACHENE 20 SEKUNNE WAARDE MISSE, UM MEI FOTOS IWWERS NETZ SE JAHN.
IHR ROTZLEFFEL IHR. ALS **ISCH** JUNG WAR, MUSSDE MA NOCH DIE DATE IWWER AKUSCHDIKKOPPLER VERSCHICKE, UNN ZWAR ABSCHTRIEM IN **BEIDE** RISCHDUNGE!

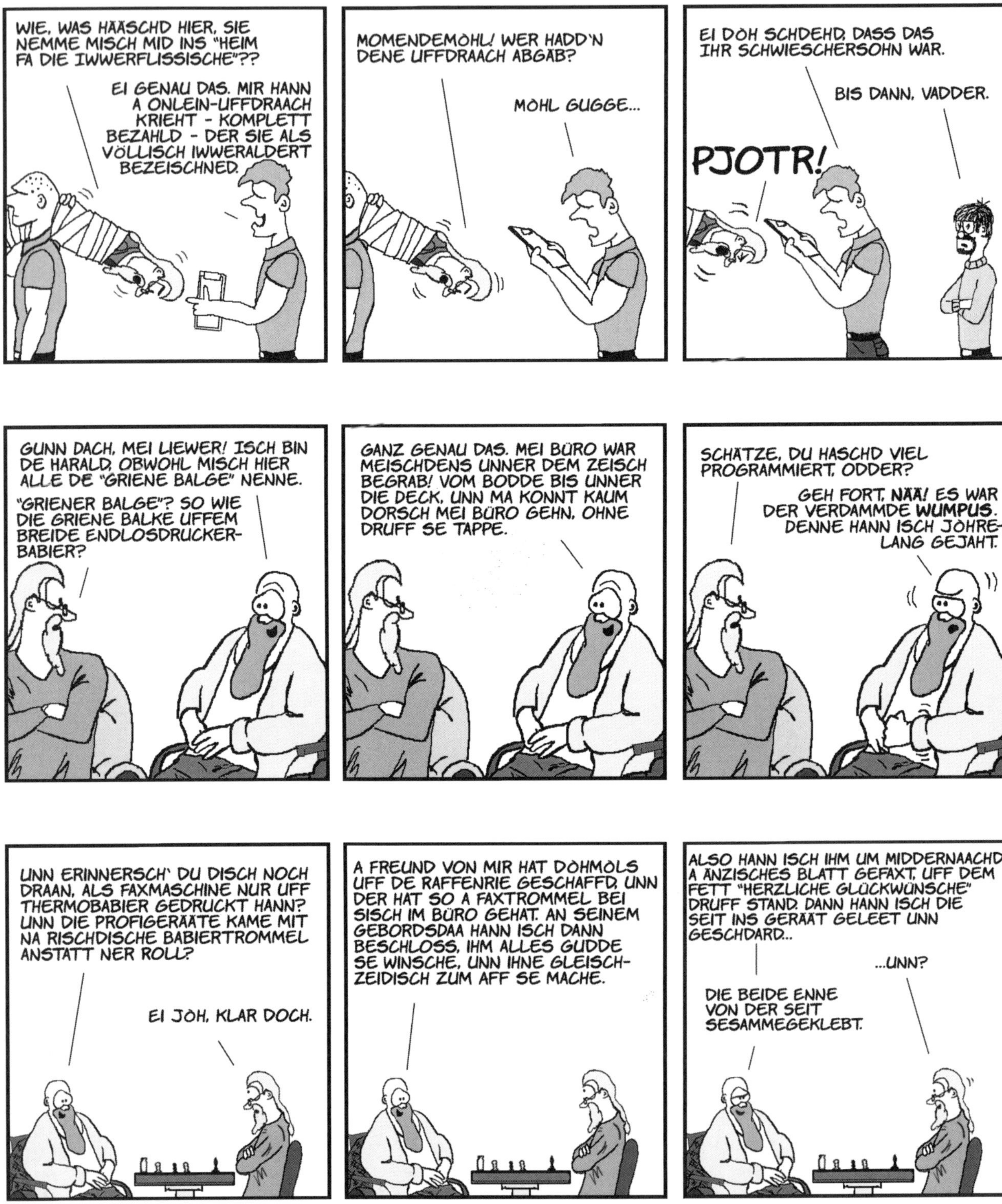
WIE, WAS HÄÄSCHD HIER, SIE NEMME MISCH MID INS "HEIM FA DIE IWWERFLISSISCHE"??
EI GENAU DAS. MIR HANN A ONLEIN-UFFDRAACH KRIEHT - KOMPLETT BEZAHLD - DER SIE ALS VÖLLISCH IWWERALDERT BEZEISCHNED.
MOMENDEMOHL! WER HADD'N DENE UFFDRAACH ABGÄB?
MOHL GUGGE...
EI DOH SCHDEHD, DASS DAS IHR SCHWIESCHERSOHN WAR.
BIS DANN, VADDER.
PJOTR!
GUNN DACH, MEI LIEWER! ISCH BIN DE HARALD, OBWOHL MISCH HIER ALLE DE "GRIENE BALGE" NENNE.
"GRIENER BALGE"? SO WIE DIE GRIENE BALKE UFFEM BREIDE ENDLOSDRUCKER-BABIER?
GANZ GENAU DAS. MEI BÜRO WAR MEISCHDENS UNNER DEM ZEISCH BEGRAB! VOM BODDE BIS UNNER DIE DECK, UNN MA KONNT KAUM DORSCH MEI BÜRO GEHN, OHNE DRUFF SE TAPPE.
SCHÄTZE, DU HASCHD VIEL PROGRAMMIERT, ODDER?
GEH FORT, NÄÄ! ES WAR DER VERDAMMDE WUMPUS. DENNE HANN ISCH JOHRE-LANG GEJAHT.
UNN ERINNERSCH' DU DISCH NOCH DRAAN, ALS FAXMASCHINE NUR UFF THERMOBABIER GEDRUCKT HANN? UNN DIE PROFIGERÄÄTE KAME MIT NA RISCHDISCHE BABIERTROMMEL ANSTATT NER ROLL?
EI JOH, KLAR DOCH.
A FREUND VON MIR HAT DOHMOLS UFF DE RAFFENRIE GESCHAFFD, UNN DER HAT SO A FAXTROMMEL BEI SISCH IM BÜRO GEHAT. AN SEINEM GEBORDSDAA HANN ISCH DANN BESCHLOSS, IHM ALLES GUDDE SE WINSCHE, UNN IHNE GLEISCH-ZEIDISCH ZUM AFF SE MACHE.
ALSO HANN ISCH IHM UM MIDDERNAACHD A ÄNZISCHES BLATT GEFAXT, UFF DEM FETT "HERZLICHE GLÜCKWÜNSCHE" DRUFF STAND. DANN HANN ISCH DIE SEIT INS GERÄÄT GELEET UNN GESCHDARD...
...UNN?
DIE BEIDE ENNE VON DER SEIT SESAMMEGEKLEBT.

DU SCHEINSCH A BISSJE ANGEFRESS SE SINN, SID.
JOH, ISCH BIN DORSCH MEI PERSÖNLISCHER RACHEENGEL HIER HER KOMM', DER SISCH AACH NOCH ALS MEI "SCHWIESCHERSOHN" AUSGÄBB HAD.
ACH JOH. DIE JÜNGERE, GLADDISCHERE GENERATION VERSUCHD IMMER, DIE ÄLDERE, WEISERE UFF DIE SEIT SE DRÄNGE. ES ISS ZUM HERZ ERWEISCHE.
UNN DANN FIEHRE SE IMMER AN, DASS "NEU" BESSER IS ALS "ALD": CDS BESSER ALS VINYL, LAPTOPS BESSER ALS PABIERNOTIZBLÄCK...
HAH, WINDOWS XP BESSER ALS DOS 3.3?
DAS ISS A ESCHDIE LICK IN IHRER LOGIK.
JEDZD SITZE MIR ALDE GIEKS HIER ALSO GANZ LOCKER UFFEM HOCKER UND WARDE, DASS MA LANGSAM VERGESS WÄRRE. MIR SINN DIE GEBALLTE INTELLIGENZ VON DA GESCHICHT UNSERER INDUSCHTRIE. JEDER VERFÜSCHD IWWER JAHRZEHNDE WEISHEIT UNN INNSEIDERWISSE, UNN DOCH SIMMA PRAKDISCH VERLOSS VON DER WELT, FA DIE MAH MOHL GESCHAFFD HANN.
WOHL IN LETSCHDER ZEIT KENN GLICK GEHAD, A JOB ALS PL/1-PROGRAMMIERER SE KRIEHN, GELLE?
OH, HALL'S MAUL.
EI SID! DU BISCH JOH WIDDER DOH!
YO, SISCHER DOCH.
WÄÄS DE PJOTR, DASS DU WIDDER DOH BISCHD?
EI NÄÄ, AWWER ER WERD SISCHER BALD EBBES MERKE.
EI, WIE DANN DAS?
EI, ISCH HANN SEI COMPUTER DORSCH EBBES ERSEDZD, WAS IHM DE WERT VON GRUNDLAACHE LERNE WÄRD.

BITTE, GÄBB DU MIR ZURÜCK MEI COMPJUDAR!!
NÄÄ.
DÒH HASCH` DE ALLES, WAS DU BRAUCHSCHD, UM DEI WESENDLISCHE BERESCHNUNGE SE MACHE.
DEI PROBLEM ISS, DASS DU DÒH SO AN DE "FUNKELFAKTOR" GE-WEHNT BISCHD, DASS DU DIE SACHE NIMMER ALS DAS SIESCHD, WAS SE EISCHENDLISCH SINN.
BEISPIELSWEIS KANNSCH` DE DÒHDEMIT MIT DEINEM ABACUS "NÒH DRAUSSE" WÄHLE.
MID ZWEI DOSÄ UNN Ä SCHNUR?
DU BISCH **SO** VERWEHND. DAS IS A AKUSCHDIKKOPPLER.
KAWUMM!
PAFF PAFF PAFF!
BUMM!
WUMMS!
NÒH LINKS, A.J.! NÒH **LINKS!**
RAT-TAT-TAT
BUUUMM
SPRITZ!!
HA! ISCH HANN DE PJOTR MIT MEINER RÄILGANN ABGESCHLACHD!!
ISS NUR WESCHE SCHLESCHDE VERZÖSCHERUNG!!
EI SID, BISCHDE DA SISCHER, DASS ES SO A GUDD IDEE ISS, DE PJOTR ZUM SCHAFFE MID ME ABACUS SE ZWINGE?
WARUM DANN NIT? 'S FORM'DE CHARAKTER.
MÒH GANZ ABGESIEH DÒDEVON, WENN ISCH JEDE DAA A GRUND FINNE, A ABACUS IM BÜRO SE BE-NUDZE, DANN SOLLD DE PJOTR DAS AH SCHAFFE, ODDER?
DU BENUDSCHD JEDE DAA A ABACUS? HEER UFF!
EHRLISCH. DIE MACHE ÄÄNFACH DIE BESCHDE RICKEMASASCHE.
ROLL
ROLL

UNN, WIE KOMMSCH' DE MIDDEM NEIE SYSTEM SERECHT?
EI GAR NIT.
DENKDRAN, PJOTR: "DAS ISS A ARMER HANDWERKER, DER SEINEM WERKZEISCH DIE SCHULD GÄBD." WENN DU SE BLEED BISCHD...
SEIN SEHR SCHLAU. KÖNNEN GUDD RESCHNE. AWWER SYSTEM ISS DUMM UNN NIT ERRWEITERBAR! WENN DU MENNSCHD, SYSTEM ISS GUDD, DANN DU MIR ZEISCHE, WIE VERDOPPLE SPEISCHER!!
SEIN LÄSCHERRLISCH! HASSE DAS! ABACUS! ABACUS! ABACUS! ARRRRRRRGH!!!!!
WAAU! DE PJOTR FLIPPT ESCHD AUS.
ISCH KANN NIT VERSCHDEHN WARUM: ZU MEINER ZEID HAMMA IMMER ÄÄNFACHE GERÄÄTSCHAFDE BENUDZD, UM SICHERHEITSHALWER NOH SE RECHNE. ES LOHNT SISCH, SISCH DAS ANSEGEWEHNE. BESSER ALS SISCH NUR UFF DIE INDEGRIDÄÄD VON HALBLEIDER-ELEKTRONIK SE VERLOSSE.
UNN WARUM TRASCHD DU A MINIABACUS ALS GERDELSCHNALL?
EI, DAS ISS MEI ALDER PDA. DU DARFSCHD MISCH BENEIDE.
ISCH HANN GEHEERD, DE PJOTR HAT A ABACUS KRIEHD?
JEDZD NIMMEH. ISCH HANN DE SID ANGEWIES, DE COMPUTER EM SID SERICK SE GÄNN, DAMIT DER WIDDER SCHAFFE KANN.
UNN DE SID HAT "JOH" GESAAD?
EI JOH. AWWER ER HAT AACH GESAAD, ER WERD DE PJOTR DEZU BRINGE, "DIE REINHEIT VON DE ALDHERGEBRUNGENE WEISE SE WERTSCHÄTZE".
BITTE... BITTE... GEBEN SERICK ABACUS...
NIX DOH... WEIDERLÄÄSE. HASCHD NUR NOCH ACHDENEINZISCHDAUSEND ZEILE WINDOWS-CODE VOR DA.

GUCKE MOH DOH, DE A.J.! WO SÖRFSCHD DU DANN SO RUM?
[:-)
EI HALLO SCHORSCH! ISCH LÄÄS GRAD DIE BBC-NACHRISCHDE-SEITE MIDDEM LYNX!
(-:>
KUUHL! UNN, SCHON WAS INDERESSANDES GELÄÄS?
[:-)
JOH, AWWER ISCH KANN HALD NET DIE FOTOS ZU DE ARTIKEL SIEHN!
\-:>
DAS MACHD MISCH NARRISCH!!
NA, NA. JEDZ WÄRR AWWER NIT ANSI.
[:-D
MENSCH, BISCH DU A TYPE.
(-:>
SIEHNERS KINNERSCH, UNN DESHALB MACHE MIA KENN LYNX-FREINDLISCHE COMICS.

SALÜ. SCHLESCHDER DAA GEHAD?
A SCHLESCHDIE WOCH. MA KÄNND MÄNNE, ES BEESE UM MISCH RUM VERKRIMMELD SISCH.
GATES IHR BILL WURD VERKNACKT, WEIL ER GESCHE VERORDNUNGE VON DE BÖRSEUFFSISCHD VERSCHDOSS HAD, DIEBOLDS WAHL-MASCHINE SINN VERBOTT WÖHR, UNN JEDZD WURD' S.C.O. AACH NOCH ÖFFENDLISCH VON DE N.R.F. LÄSCHERLISCH GEMACHD.
DAS ISS JOH, ALS OB DIE LEIT SCHLAUER WERRE DÄDE.
DAS WÜRD JOH DANN HÄÄSCHE, DASS ES U.S.-PADENDAMT UNNER-BESEDZD SINN WÄRD.
EI DANKE. MACH'S NUR NOCH SCHLIMMER.

DAS GEROHD ESCHD AUSSER KONTROLL. ZEHN JOHR SORSCHFÄLDISCHER PLANUNG LÖSE SISCH VOR MEINE AUE UFF.
UNN JEDZD WEISCHERE SISCH SOGAR DIE GOOGLE-VÄADER, SISCH BEI IHREM BÖRSEGANG ANS BEESE SE VERSCHREIWE!
UNN WAS WILLSCH' DE MACHE? DER BÖRSEGANG KÖNND DER GRUNDSCHDEIN VOMME ZEITALDER DER DUNKELHEID SINN, WENN DES RISCHDISCH AANFANGSCHD...
ISCH PROBIER'S MOH MID ME ALDE TRICK, DER SCHON OFT BEI MÄNNLISCHE GIEKS GEKLAPPD HAT.
KOMMEN SCHON, IHR BUWE, NUR 51 PROZEND.
BOAH, HAD DIE A SCHDARKER B... BIKINI.
LARRY, PASS UFF! NIT AUSEM PENDAGRAMM RAUSTAPPE!!

ISCH HANN'S NEMMEH UNNER KONTROLL. ISCH MUSS NOCHEMÖHL MID ME KLÄÄNERE PROJEKT VON VORNE AANFANGE, UNN DANN DÖHDRUFF UFFBAUE.
ISCH MUSS ÄNNER FINNE, DER ESCHD BEES SINN WILL, AWWER DEM'S IRSCHENDWIE SCHMERZLISCH FEHLD. ÄNNER, DER GRADZU NÖH MACHD GIERD. ÄNNER... MIDDE ME ESCHD SCHLESCHD NÖHGEMACHDE AKZENT.
GLAUBÄN, DASS HOFFNUNG, DASS COSTNERS IHR KEVIN GEMENND SINN KÄNND, SEIEN ZU VIEL...
LOSS UNS MÖHL SCHWÄTZE, SITH-SCHÜLER. ISCH KANN DA SACHE BEIBRINGE.
ISCH WÄRRE NIT MIT DA QUATSCHE.
DEI BEESES SEIEN FARCE! DU VERLIEREN DEI IMBEERIUM SOGARR JEDZD, WO DU DÖH SCHDEHSCHD! DEIN "BEIBRINGE" HÄÄSCHD DOCH NURR, DASS DU MISCH ZU DEINEM WILLELOSE SKLAVE MACHE WILLSCHD! NJET! WEICHE!
ISCH ZEIE DA, WIE MA DENNE ALDE GIEK-SACK UFFS KREIZ LEHD.
SEIEN EUER SKLAVE, MEISTERR.
ALSO BEVÖR MA DEI TRAINING SCHDARDE, MUSS DEI AUSSIEHN AACH ZU DEINER ROLL PASSE.
ISCH WÄÄS NIT, OB ISCH MÄÄGEN KLANK VON DEIN WORTÄ.
ES BEESE VERLANGD NÖH ME PASSENDE ÄUSSERE. DIE GRUNDLAACHE VOM BEESE WERRE DORSCH LÜGE UNN MARKETING GELEED.
DU BRAUSCHD ÄÄNFACH A GEFÄLLISCHES AUSSIEHN. SO WIE JEDZD SISCHDE AHRISCH RAULISCH AUS.
GANZ SCHÖN DICK UFFGETRAH VON ÄNNEM GLADDISCHE HAARKLUMBE, DER ANNERE LEITS IHR KÄRPER BENUDZD, UMM SE LAAFE RUM.
DE AANZUCH MACHD'S. SCHDELL DA MÖH VOR, WAS ISCH FA DISCH ALS "BEESER DRECKFLECKERL FA A LASCHER SCHWACHSTECKER" BEWIRKE DÄÄD.

MEI NEIER, JUNGER SITH-SCHÜLER SOLLD JEDZD EISCHEND-LISCH FERTISCH SINN UNN ISCH HANN JEDZD A GEHORSAMER DIENER IM ANFANGSSTADIUM, BEREIT UM NÖH MEINE LAUNE GEFORMT SE WERRE.
ALLERDINGS MUSS ISCH'EM ERSCHD MÖH BEIBRINGE, PINKTLISCH SE SINN. IMPERIE VERDRAHN NACHTRÄGLISCHKEID NIT SO GUDD... AHH, ICH GLAAB, JEDZD KOMMDA RAUS.
SEIÄN, NIX, AKZÄPTIERRBARR!!!
SCHEENER SCHNITT! NÄCHSCHDER HALD: SEIDEUNNERWÄSCH!
ALSO, UNN UMS BEESE SE VERBREIDE, BRAUSCH' DE KOHLE. UNN DÖHMIT MENN ISCH NIT, ÄNNER UFF HARDER KNIPPEL SE MACHE, SONNERN ESCHD KONKREEDIE GEWALDTÄDISCHKEIDE, DIE ÄÄNEM DE MAACHE UMDRÄHD.
AWWER WENN DU DEI KOHLE SO "SESAMME SAMMELSCHD", MUSCHE DAS MIT STIL MACHE. GRAD ERSCHD GESCHDERN HANN ISCH GATES IHR WILLI UFF E JACHDGEBIED IN SIEDAFRIKA "INNGELAAD".
UNN DÖVOR HADDER DIR GELD GENN?
NÄÄ, DE ORACLE-LARRY HAD MISCH REISCHLISCH DÖVOR BEZAHLD.
LAAF LIEWER WECK, WILLI.
HALD! EI HALDEMÖHL!!
PJOTR?
DA, KLÄÄNER FREIND?
EI, WARUM BISCH'N AANGEZÖH WIE DIE FEINE LEIT?
SINN STIL VON BEESÄS HÄRRSCHA.
DE AANZUCH ZEIT EHR, KOHLE UNN MACHD. KRAWATT SCHDEHD FA INTRIESCHE.
UNN DANN HAT MA NOCH GESAAD, SE TRAAN SEIDNIE UNNERWÄSCH.
UNN DIE SEIDEUNNERWÄSCH STEERD DISCH NIT?
NJET, MACHD NIX, NURR MACHÄ KONDENZENTRIERE ETWAS SCHWÄÄRR.

EI, DU BISCHD HEIT AWWER FRIEH DOH.
DA. WOLLE DOH SINN, WENN SID RINN KOMMD.
WERKLISCH? VERZÄHL!
DU DICH ERINNERN AN DUTZEND "SUPÄRR PUFFS", DIE DU MIRR GESCHDÄRRN GÄNN HASCHD?
JOH.
ISCH GLAAB, DASS DE SID HEIT VIELLEISCHD KOMME SE SPÄÄT UFF DIE ARWED...
SO PJOTR. WO DU SCHOMMOHL SO UFFGEDONNERT BISCHD, SOLLDE MA VIELLEISCHD NOCH E BIERSCHE NOH DE ARWED DRINKE GEHN UNN E PAAR HÜHNER UFFREISSE...
KENN INTÄRRESS.
NÄH, EHRLISCH. ICH HANN JEDZD SO EIN TATUU IN SCHINESISCHE SCHRIFTZEICHE. ISS GRAD GROSS VOLL INN, UNN DIE MÄÄDE FAHRE VOLL DRUFF AB!
ACHTUNG, ISCH MUSS NÄMLISCH SO SCHLOCKERISCHE HOSE DRAAN, DAMIT MA'S RISCHDISCH SIEHN KANN. ES ISS DOH DIREKT UFF MEINEM HINNERDÄÄL...
AAAARRRRRGHHHH!!!
UNN DAS HÄÄSCHD "KRAFT, GLICK, POTENZ".
HATTE BISJE SCHINESISCH-UNNERISCHD.
SAA BLOOSS??
MOMENDEMOHL, VERRSUCHE MISCH SE ERINNERE...
UNN? WAS HÄÄSCHD'S JEDZD?
"FA BEDIENUNG DIE KARTE BIDDE DOH DORSCH ZIEHE."

EI A.J.? WAS FAULENSCH' DE DANN DOH ERUMM UNN SCHAFSCHD NIX?
EI, ISCH WAARD DRUFF, DASS "HALF-LIFE 2" ENDLISCH RAUSKOMMD.
ISCH WÄÄS, ISCH SOLLD NIT FROHE... OHH, DRUFF GESCHISS.
UNN WAS ISS DAS DOH FA A DING UNNER DEINEM MONIDOOR?
EI, DIE NEI GRAFIKKAARD FAA'S SPIEL!
EY MISCHEL, DU DARFSCHD WEGFAHRE. DU MUSCHD A ROUTER BEI UNSEREM NEIE KUNNE INSCHDALLIERE.
ALLES KLAR. WANN GEHT MEI FLIESCHER?
GAR NIT. DU DARFSCHD FAHRE.
WAS? DAS DAUERD AWWER DRE DAA BIS DORT HIN!
SCHBARD UNS AWWER A HAUFE KOHLE. UNN DU BISCHD DOCH VERNARRT INS AUTOFAHRE, ODDER?
DAS ISS JOH OK. AWWER VOR DE LANGWEIL IWWER DIE DREI DAACH HANN ISCH ANGSCHD.
OOCH, DO WERD KENN LANGWEIL UFFKOMME...
KENN ANGSCHD WESCHEN DE MUSIK. ISCH NIMM ALL MEI "AIR SUPPLY" CDS MIT.
ISCH DUUN MISCH AACH UFF LANGE FAHRTE LANGWEILE. AWWER ISCH MACH DANN SACHE, DIE MA SPASS MACHE.
OBWOHL ISCH'S FROHJE BEDAURE WÄRRE: WAS MACHSCHD'N DANN?
EI JA, ZUM BEISPIEL MOTZ' ISCH DIE KARRE UFF, DASSES A PLÄSIER FA'S AU' ISS.
UNN WIE?
GUCK DOCH AMOHL UFF DIE ANTENN.
SCHDEFFAHN!!
ACH KOMM SCHON. ISS DOCH LUSCHDISCH.
VIELLEISCHD A BISSJE- NÄÄ!! NÄ, IWWERHAUPD NIT!

EI WARUM DRÄHE MA UNS DANN? WARUM HAMMA ANGEHALL? UNN WARUM BIN ISCH IMMER NOCH FESCHDGEBUNN UNN HANN DIE AU'E ZU? DUNNERKEIL NOCHEMÒHL, WAS ISS DANN PASSIERD?
ISCH HANN BEINAH A HIRSCH IWWERFAHR. BISCH' DE OK?
NUR A BISSJE HIBBELISCH. UNN DU?
MIR GEHD'S GUDD!
EISCHENDLISCH WAR DAS SOGAR ÄNNER VON DE LUSCHDIGSCHDE FAHRDE, DIE ISCH BIS JEDZD GEMACHD HANN!
HALLO DÒH DRIN! SINN SIE IN ORDNUNG?
RAP
RAP
UH..OH..
MISCHEL, DE SCHDEFFAHN SCHLÖFT WIDDER.
DER ISS WOHL MIED VOM VIELE KAFFEE-DRINKE, DER SCHAFFSCHUHVER-SCHDECKLER!
ZZZZZ
JAAAAAAAAAAA!!!
AAAHHRRRGGGGHHH!!!
SCCRRRRREEEEEEEEEEEEEECH
HÄH? WAS? BISCH' DE SCHONN WIDDER BEINAH IRSCHENDWO DRANGEKNALLD?
NÄÄ, ISCH WOLLD NUR MÒH ESCHD DRAMADISCH NÒH LINKS ZIEHE.
EI SAA MÒHL, PJOTR, WIE DU'S GESCHAFFD HASCHD, DASS DIE GANZE GERÄÄTE AM A.J. MITENANNER GESCHWÄDZD HANN?
HABÄ INSTALLIERRT SEHRR SPEZIELL GEHÄCKDES OS.
AH JA? WELSCHES OS DANN?
SEIEN SEHRR INTERESSANT SE BEOBACHDE, WIE GERRÄÄTE MITENANNER KOMMUNIZIERRÄ UNN DANN DIE EFFIZIENZ UNN SO...
KLAR, AWWER WELSCHES OS?
UNN DIE IWWERTRAACHUNGS-GESCHWINNISCHKEID...EID...
WELSCHES OS?!?!
ÄHH...WINDOWS MILLENIUM.
OH GODD, MEI AU' DUD ZWICKE!! WARUM ZUCKT MEI AU'???

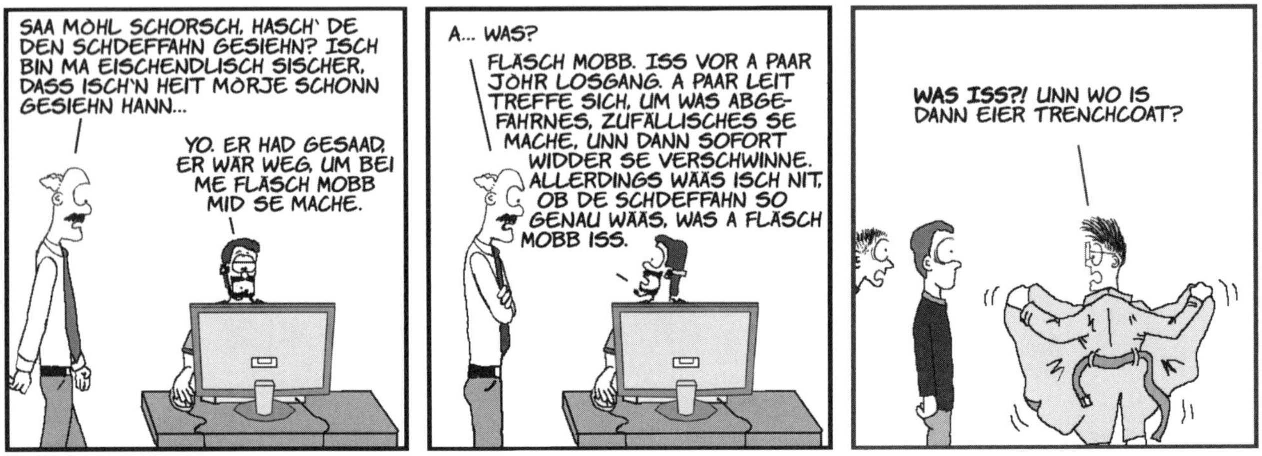
SAA MOHL SCHORSCH, HASCH` DE DEN SCHDEFFAHN GESIEHN? ISCH BIN MA EISCHENDLISCH SISCHER, DASS ISCH'N HEIT MORJE SCHONN GESIEHN HANN...
YO. ER HAD GESAAD, ER WÄR WEG, UM BEI ME FLÄSCH MOBB MID SE MACHE.
A... WAS?
FLÄSCH MOBB. ISS VOR A PAAR JOHR LOSGANG. A PAAR LEIT TREFFE SICH, UM WAS ABGE-FAHRNES, ZUFÄLLISCHES SE MACHE, UNN DANN SOFORT WIDDER SE VERSCHWINNE. ALLERDINGS WÄÄS ISCH NIT, OB DE SCHDEFFAHN SO GENAU WÄÄS, WAS A FLÄSCH MOBB ISS.
WAS ISS?! UNN WO IS DANN EIER TRENCHCOAT?

ISS DAS DOH E BANDAGE AN DEINEM HANDGELENK? WAS HASCHD'N DOH WID-DER AANGESCHDELLD?
OOCH, SEHNE IWWERLASCHDED BEI MEINEM ANNERE JOB.
DU HASCHD NOCH E JOB? WAS MASCHD'N DORT?
DU WÄÄSCHD JOH, MA MUSS SIEHN, WIE'S GELD SESAMME KOMMD. UNN ISCH... ALSO... ISCH BIN E "AKTIVER INTERNET-WERBENACHRICHT-AGENT".
DAS HÄÄSCHD ALSO, DASS DU BETRÜÜSCHD, INDEM DE STUNNELANG WERBE-BANNER BEI GUUGEL DRIKSCHD.
WAS SOLL ISCH DANN **SONSCHD** MIT MEINE DIABOLO-2-FERTISCH-KEITE MACHE??

A.J., HASCHD DU ESCHD E ZWET-TER JOB? BEZAHLE MA DA HIER NIT GENUCH?
JEIN, ES ISS NUR SO, DASS HEITSEDAACH DIE GEHÄLTER IN DE IT-BRANCHE AANFACH NIT MIT DE LÄWEHALDUNGS-KOSCHDE MITHALLE KÄNNE.
DIE MIEDE SCHDEIE. ES ESSE ISS DEIRER. DIENSCHDLEISCHDUNGE SINN WUCHER, DIE VERSISCHERUNGSPRÄMIE SCHIESSE INN DE HIMMEL, DE BENZINPREIS ISS JEENSEITS VON GUDD UNN BEES. FA ULTIMA-ONLINE-BURGEN BEI EBAY MITSEBIEDE IS IN-ZWISCHE ESCHD VERRICKD, UNN VON DE ARZTKOSCHDE WOLLE MA GAR NIT ERSCHD SCHWÄDZE.
WAAD AMOHL... HASCHD DU GRAD "FÜR ULTIMA-ONLINE-BURGEN BEI EBAY MITBIETEN" GESAAD?
JOH, DAS ISS ESCHD IRRE, DAS WILLSCHDE GAR NIT WISSE. ES ISS SO **WIEDERLISCH**.

EI JEDZD MUSCHDE MA AWWER MÖHL HELFE. ICH RAFFE ÄÄNFACH NIT DEI WÜDISCH VERLANGE NÖH MIT REALEM GELD BEZAHLDE VIRDUELLE WARE.
DAS MUSCH` DE SO SIEHN, SID: ULTIMA ONLINE UNN ALL DIE ANNERE ROLLEN-SCHBIEL-GAMES SINN WEL-TE, DIE UNSER WÜNSCH UNN BEDÜRFNISSE WID-DERSCHBIESCHELE.
UNN DIE WELTE GÄNN UNS ZUMIN-NISCHD E CHANCE UFF DAS, WAS MA WERKLISCH WOLLE! MIR HANN E VIRDUELLIE ÖKONOMIE, SCHBEZIEL-LE SOZIALE SCHDRUKDURE UNN SOGAR A POLIDISCHES SÜSDEHM!
UNN JEDZD, NEMM ISCH AHN, SOLL ISCH DISCH FRÖHE, WARUM DAS DANN BESSER ISS ALS DIE ESCHDE WELT?
EI, WEIL ISCH DORT KÖNISCH BIN!
SIE HANN SISCH BEI ULTIMA ONLINE INNGELOGGD. WILL-KOMME, EIER MAJESTÄT!
HUCH? WER BISCH DU DANN?
ISCH BIN DE LORD GARRETT, UNN ISCH BIN DEI KÖNISCH!
KÖNISCH?! WIE NETT. UNN WIE HASCH' DE DAS GESCHAFFD?
ISCH HANN BESCHDIMMD NIT FA DISCH GESCHDIMMD.
DOH HAT WOHL IRSCHEND SO E FEUSCHDIE SCHLAMPE DIR A SÄBEL NOHGESCHMISS, WAS?
SPAM! SPAM! SPAM! SPAM! SPAM! SPAM! SPAM! HÜBSCHER SPAM! ALLERBESCHDER SCHPÄÄÄÄÄÄMM!
MIT GIEKS SE SCHBIELE ISS OFT WIE WACKEL-PEEDER MIT NA KETTE-SÄÄCH SE ESSE... INTERESSANT, AWWER ES DUUD WEH!
ISCH BIN DE KÖNISCH GARRETT. UNN DAS ISS MEI KÖNISCHREISCH.
OBWOHL A WEISER UNN A CHARISMA-DISCHER HERRSCHER, MUSST DE KÖNISCH GARRETT DOCH ZU DE WAF-FE GREIFE, UM ES WEB SE EROBERE, IN DESSEN VERLAUF ER DOMÄÄNNAAME ALS BEUTE UNN WIDDERGUTMACHUNG AN SISCH NAHM.
UND SIEHE! ER TAT DAS JÖHR UM JÖHR, BIS ES GANZE INTARWEB SEINS WAR.
...UNN ALS DE KÖNISCH GARRETT DIE GANZE GRÖSS VON SEINEM REISCH VOR SICH GESIEHN HAT, BRACH ER IN TRÄANE AUS. DENN DÖH WAR KENN ÄÄNZISCH URL MEHR FA SE EROBERE.
EY, WEB-TRODDEL. WIEVIEL WILLSCH DANN FA LLAMA-MAMA.NET HANN?

SAA SCHON, WAS DU GEMACHT HASCHD, DASS ISCH JEDZD WIDDER FLICKE MUSS?!
ISCH WÄÄS NIT...
HEER MÖH SCHDEFFAHN, ES MAACH DA BISHER ENTGANG SINN, AWWER ES IT-PERSONAL MAAN'S GANZ UNN GAR NIT, WENN DIE TESCH-NISCH UNFÄHISCHE KOLLEESCHE IN IHR BÜRO SCHLEISCHE MIDDE-ME GESISCHD WIE SIWWE DAACH RÄÄNWETTER. DAS MACHD UNS NERVEES.
ZUM DUNNERKEIL NOCHEMÖHL, SAASCH' DE ENDLISCH WAS?
REPARIER'S BIDDE.
EI SCHDEFFAHN, DU MUSCHD MA SCHON VERZEHLE, WAS DU MIT DEINEM RESCHNER GEMACHD HASCHD, SONSCHD KANN ISCH NIT...
...WART AMÖHL A MOMENT.
'S WINDOWS XP SERVICE PACK 2 ISS GRAD RAUSKUMM...
HASCH' DE ETWA GANZ ALLÄÄN XP UFF DEINEM RESCHNER GEPÄDSCHD?
ACH WAS, UFF'M GANZE NETZ!

HEILISCH-MARIA-MUDDER-GODDES, WAS ISS DANN MIT DEM DÖH PASSIERT?
EI DE SCHDEFFAHN HAT'N ALS WEIHNACHTBÄÄMSCHE DEGGORIERD.
DER SCHWACHSTECKER! JEDZD HADDER 'S AWWER ESCHD IWWERTRIEB!
DUMMER PÄLZER.
SAA' MÖHL, KANNSCH' DE MIR NE FA IWWER DIE DAACH AUSLEIHE?
SID!
EI, UNN KANN DER DANN AACH "ÖH TANNEBAAM" SINGE?
SID!!
GEB'S DOCH ZU, SCHDEFFAHN. DU HASCHD JEDEM SEI BLAUE LISCHT-SCHER GEKLAUT UNN SE AM STAAB-PÜPPSCHE FESCHDGEMACHT, ODDER?
DAS KOMMT GANZ DROFF AHN, WIE MA DIE SACH BETRACHDED.
WENN ISCH GEWUSSD HÄTT, DASS IHR ALL WISSE, DASS ISCH'S GMACHT HANN, HÄT ISCH'S NIT GEMACHT, AUSSER WENN ISCH GEWUSST HÄT, DASS IHR JÖH GAR NIT WISSE KENNE DUUN, DASS ISCH WÄSS, DASS IHR NIT WISSE, DASS ISCH ES WAR, DENN IN DEM FALL ISCH DAS ERSCHD RESCHD GEDUHN HÄT, WEIL ISCH JÖH GEWUSST HÄT, DASS IHR NIT WISSE DUUN, DASS ISCH'S GEMACHT HANN.
ISCH GLAAB, AWEI HAD SICH GRAD MEI AU' NÖH INNE GESCHDÜLBT.
HEILISCHMARIAMUDDER-GODDES. HASCH' DE DONALD RUMSFELD ANGEZAPPT?
AUUA! MEI SEHNERVE!
NÄÄ, NUR EULAS SCHREIWE GEIEBT.

Platt

Vorwort von diGriz

Mein UserFriendly-Username „diGriz“ ist eine literarische Figur: James Bolivar diGriz aus der Feder des amerikanischen Science-Fiction-Autors Harry Harrison. Zum täglichen Leser der UserFriendly-Comics wurde ich Anfang 2001. Der Comic wuchs mir ans Herz – sowohl wegen der skurrilen Charaktere und Geschichten, die ich als Geek gut nachvollziehen kann, als auch wegen der Community, die sich um den Comic herum gebildet hatte.

Da ich meinen Lebensunterhalt mit Software-Entwicklung und ab und zu auch mit Support bestreite, fühle ich mich UserFriendly-Charakteren wie Mike, Pitr und A.J. besonders verbunden. Vom Alter her (ich bin ein Double-Twen) fehlt in der Aufzählung noch Sid, zumal auch ich eine Zeit lang in COBOL programmiert hatte (ich war jung und brauchte das Geld...).

2003 begann ich, den Strip ins Hochdeutsche zu übersetzen, ursprünglich, um meine Englischkenntnisse zu verbessern. Nach etwa einem Monat hatte ich dann die Idee der Übersetzungen ins Plattdeutsche. Platt ist eigentlich nicht meine Muttersprache, ganz im Gegenteil: Meine Heimatstadt Wilhelmshaven liegt wie das Dorf von Asterix als hochdeutsche Trutzburg im plattdeutschen Umfeld. Ich finde aber, dass Plattdeutsch wesentlich herzlicher ist als das trockene Hochdeutsch. (Derzeit lebe ich im Hamburger Dunstkreis in Schleswig-Holstein, die Stadtgrenze ist etwa 20 Meter von meiner Wohnung entfernt. Ich bleibe halt ein Friese.)

Plattdeutsch ist keine Mundart, sondern eine eigene Sprache. Aber genau wie bei den deutschen Dialekten gibt es hierfür keine genormte Schriftform. Für das Niederdeutsche gibt es ein paar inoffizielle Normen, und ich für meinen Teil habe mich hauptsächlich an die Sass'schen Schreibregeln gehalten, zumal die mit dem normalen Zeichensatz auskommen.

Wie bei den Mundarten gilt die Regel: „Schreib, wie du sprichst.“ Es müssen also keine gesonderten Ausspracheregeln gelernt werden. Versucht beim Lesen einfach, euch vom hölzernen Hochdeutsch zu lösen und den Text mit etwas Gemütlichkeit und Schlitzohrigkeit zu sprechen.

Ich wünsche euch viel Spaß bei der Lektüre, und lasst euch nicht entmutigen, wenn ihr das eine oder andere Wort nicht gleich versteht.

Wörterverzeichnis

bün	bin
Dotee	Datei
Drückerbrett	Tastatur
jichtens	irgend(wie)
jichtenseen	irgendein
man	aber
muusdrücken	klicken (mit der Maus)
Klootscheten	Klootschießen (friesischer Nationalsport)
koppswack	unterbemittelt, zurückgeblieben
lehren	lernen
Printer	Drucker
Puttfarkel	Ferkel, Schmutzfink

Scott Richter	berüchtigter Spam-Versender
sehr	schmerzhaft
Sekerheitsflicken	Sicherheitsupdate
Spiekerplatz	Speicherplatz
Warfflagg	Werbebanner
Warfmellen	Anzeige, Werbebotschaft
wokeen, welkeen	wer

Plattes Englisch

Angeregt durch das Wort „Klappreekner“ (Klapprechner) für „Notebook“ habe ich auch einige IT-spezifische Fachbegriffe übertragen. Jedoch nicht wortwörtlich: Ich habe mir jedes Mal die Frage gestellt: „Was ist die Funktion bzw. welchen Eindruck erweckt das Teil, das ich übersetzen will?“

Anwennerstütt	Hotline
bövenst-enn	high-end
Buttjer	Geek
E-Breef	E-Mail
Finsterföhrer	Window Manager
Gootnaam	Domain Name
Lüttstweek	Microsoft
Nettlink	Netzverbindung
Puheeknüppel	Joystick
Schnackverfolgen	Threading
Schummelnummers	Cheat codes
Systemviez	System Administrator
Tekenensystem	Labeling System
Ünnerstütter	Supporter
Warfmüll	Spam

MR. MCBRIDE? DE WETTERUTSICHTEN GEEVT AN, DATT DAT HÜÜT NAMIDDAG REGEN SCHALL.
SCHALL IK JI KLOOTSCHETEN AFSEGGEN?
DAT SÜND AL WEDDER DISSE SCHIETIGEN LINUX-HACKERS, NE?
JO, BAAS. OH, DOR FÖR WARRT SE BETAHLEN.
SCO
BAAS? JI FRU IS UP KAVEL EEN.
UH OH.
JO, MIEN SÖTE DEERN?
DARL, LEEFSTER. DE GARDENIEN IN DE WAHNSTUUV GAHT ALL IN.
NU, IK BÜN SEKER, DATT DISSE VERMALLEDEITEN LINUX-HACKERS DOR ACHTERN STEEKT!
KLOOR SÜND DE DAT, LEEFSTER. KANN IK DORVUN UTGAHN, DATT DU VUNAVEND WEDDER MIT DE AFKATEN TO'N ETEN GEIHST?
MR. MCBRIDE, UNAFHANGIGE TECHN'SCHE FACKLÜÜD HEBBT WEDDER UN WEDDER WIESEN, DATT DOR KEEN SCO-EGEN PROPRIETEEREN UNIX-CODE IN LINUX-KERNEL GIFFT.
WAT HEBBT SE DOR TO TO SEGGEN?
S.C.O. BESCHIRMT SIEN EGEN, **EGOL**, OF OR OF NICH WOHRHAFTIG SCO-UNIX-CODE DOR IN IS. DE LINUX-HACKER-GEMEENSCHAP LIGGT **JÜMMER NOCH** FALSCH.
WO SCHALL DAT SIEN, HERR?
OH, **BEGRIEP** DOCH. IS ET NICH **KLOOR**, DATT SE IN UNIX NAH PROGRAMMAKTIVITÄTEN INBETAGEN SÜND?!
SO KLOOR AS KLOOTBRÖH.
VERFLIXTE LINUX-HACKERS.

HÖI! DE WIEHNACHTSTIED IS DICHT AN DO!
BÄH!
WATT, MAGST DU WIEHNACHTEN NICH?
IK MAG WIEHNACHTEN TEMLICH GEERN. WAT IK NICH MAG, SÜND DE 5 PUND, DE IK JEDEEN JOHR VUN ALL DE WIEHNACHTSGÖÖS TONÄHM.
ALSO, DENN MAAKST DU EEN DIÄT...
HÖR MOL, ET GIVT EEN GRUND, DATT "DIÄT" MIT "D" ANFANGT SO AS "DOOD".
IK WARR **KENE** DIÄT MOKEN, UN IK WARR **KENE** KALOREENS TELLEN.
NU, SEH ET MOL SO: KALOREENS TELLEN IS ENE OORT RESSOURCEN VERWALTEN.
WATT SEGGST DU? DIÄT HOLLEN IS EEN OORT ECHTTIED-STRATEGEESPEEL?
JO, **NAU!**
KANN IK DENN OK DE SCHUMMELNUMMERS HEBBEN?
NEE!
KIEK MOL, IK WARR KENE DIÄT HOLLEN, UN DIEN VERGLIEK IS SCHIETIG.
ACH, NEE...
IN DE MEHRST ECHTTIED-STRATEGEESPEELEN MUTT EEN SIEN RESSOURCEN VERWALTEN, DE EEN MIT DAT, WAT EEN HETT, UP DE BEST OORT UN WIES OPBUUT. EEN KIEKT NA DE BUNKERT MENGE UN **PLONT** DORMIT...
AS EEN SÜHST IS ET IN **MÄNNICH EEN HENSICHT** SO AS DIÄT HOLLEN.
WENN ET SO AS EN ECHTTIED-STRATEGEESPEEL WEER, HETT IK EN SPIEKERTEN SPEELSTAND VUN VÖR 10 JOHREN LAADT.

IK HAAT DIÄTEN. IK MUTT KENE MAKEN. IK BÜN EEN BUTJER. IK BÜN GLÜCKLICH MIT MIEN LÜTTE DRALL. WO FÖR SCHÖÖLT BLANKE NEE MUSKELN UN EN PLATTEN BUUK FÖR MI AL GOOT SIEN?
MOIN, GREG.
PEARL.
IK GLÖV, IK WARR MI FÖR DE TOKAMEN MAANDEN BLOT VUN LUCHT NEHREN.
HÖR UP, OR DU WARRST KEEN LUCHT KRIEGEN.

WENN IK WAT AN LOOT VERLEER, KUNN IK ECHT HEET UTSEHN, UN VILLICHT WEREN FRUUNSLÜÜT SO AS PEARL ACHTER MI HER.
ALLNS, WAT DORTO NÖDIG WEER, WEER ÖVEN VUN 2 STÜNNEN AN DAG. IK MÜSST OPPASSEN, WAT IK EET, UN IK MÜSST MIEN LEVENWIES VUN GRUND OP ÄNNERN.
START VUN DE OPERATSCHOON "GREG FETTMORS".
MAMPF
SAPP
KROSCH
CHIPS

TORÜCH IN DE ARBEIDSSTUUV NA ENE NACHT MIT KÖÖM UN AHN MAAT. DE KOPP DEIT WEH. IK HEFF DAT GEFÖHL, DATT IK WAT VERGETEN HEFF...
AS TO'N BISPEEL EN BÜX ANTO-TRECKEN...
MOIN! MAGST DU MIT MI TOSAMEN TEE DRINKEN GAHN?

WAT TO'N DÜVEL IS **DAT**?
SID HETT MI BEDEN, ENE LINUX-PARTITSCHOON UP DIENE KIST OP TO SMIETEN. HE MAG BLOT, DATT DAT PERSONAL UT DE FACK-AFDELEN SIK AN WAT ANNERS AS WINDOWS WENNEN.
WAT?! WORÜM??! ALLNS WAT IK BRUK IS MIEN "XP-INSICHTEN"!
NU MAN SACHT, STEF. LINUX HETT OP DE DESKTOP EN LANG WEG TORÜCHLEGGT. SIET DU DAT DAT LETZT MOL BRUKT HEST. LISS DE KARTON.
"DAT WACKEL LINUX BRINGT DE SPAASS TORÜCH IN DE REEKNEREI." **WAT** FÖR EN SPAASS?
FÖR'N ANFANG DI DORBI TOTOKIEKEN, AS DU UT VERSEHN ALL DIEN DOTEEN WEGSMITTST.
WOANS WEER DE LINUX-INSTALLATSCHOON BI STEF?
DE INSTALLATSCHOON LÖÖP GLATT, MAN HE WEER IN BRASS KAMEN, AS HE RUTFUNNEN HETT, DATT ET OP SIENE KIST WEER.
januar
HE HETT SIK VERSEGGT ET TO BRUKEN UN HETT FÖDDERT, DATT IK EM WEDDER OP XP TORÜCHDREIH.
WAT HEST DU MAAKT?
januar
IK HEFF EM XPDE ROP INSTALLEERT, SO DATT LINUX NU AS WINDOWS XP LETT.
WATT HEST DU MAAKT? MIEN START-MENÜ KUMMT SO FIX AS IN EN REAKSCHOONSPEL.
MIKE, IK HEFF DI **LEEF** DORFÖR, WAT DU MIT MIEN KIST MAAKT HEST! IK HEFF WINDOWS MIEN LEEVDAG NICH SO FIX SEHN!
ÖHM... IK MUTT WAT TOGEVEN, STEF. DU WENNST LINUX AN MIT EN FINSTERFÖHRER, DE SO AS WINDOWS XP LETT.
IK...IK WENN **LINUX** AN UN BÜN GLÜCKLICH DORMIT? UN ET LETT SO AS **WINDOWS XP**?
NEE... NEE... MIEN FÄHLER.

STEF? WAT TO'N DÜVEL MAAKST DU?
LINUX-KRAAM.
RAPPA TAPP TAPP TIPP TAPP TAPP KLICK TACK TOCK TAPP KLIPP TAPP TAPP TIPP TAPP
TAPPA TAPP TAPP TAPPI TAPP TAPP TAPPI TAPPI TAPP TAPP TAPP TIPP KLIPP TAPP TAPP TAPP
STEF, DU TIPPST BLOT TOFÄLLIGE BOOKSTAVEN UN SYMBOLE...
UN WODENNIG ÜNNERSCHEED SIK DAT VUN DAT, WAT JI LÜÜT DE HEELE TIET IN DE BEFEHLSREHGDINGS MAAKT?
TAPP TAPP TAPP TAPPA TAPP

SID, ERINNERST DU DI, DATT DU DACHTST, ET WÖRR US HELPEN, WENN IK NEE KENNSEN ANNÖHM? NU, IK BÜN DIEN RAAT FOLGT UN NEHM NU AN EEN LEHRGANG DEEL, ÜM ENE NEE SPRAAK TO STUDEERN.
SUPER!
DAT IS ALLERBEST, GREG. IS DOCH KLOOR, DATT DE FIRMA DI DE LEHRGANG BETAHLEN WARRT.
ALSO, WAT LEHRST DU? C++? C SCHAUDER? IK MEEN C SCHAAP? JAVA?
ÖHM, EGENS ELBISCH.
WAT?!
DU SCHULLST BETER QUENYA STUDEERN UN NICH DISSE DUSSELIGE SINDARISCHE BABBELOORT!

GREG, WORÜM NIMMST DU ÖVERHAUPT ELBENISCH?
DAT HEET "ELBISCH".
GOOT, "ELBISCH". UN WOTO KUNN EEN MÖGLICHERWIES DISSE SPRAAK BRUKEN?
DORMIT IK MIT ANNERN BUTTJERS SPREKEN KANN, AHN DATT IRDISCHE SO AS SE VERSTAHT, WORÖVER WI SNACKT?
JI KEERLS DOOT DAT AL LANG!!!

GREG, IK DACHT, DATT DE ELBISCH-LEHRGANG BLOT AN ENE SCHOOL IN INGLAND OFFIZIELL ÜNNERRICHTET WÖRR.
DAT WARRT HE, MAN SE HEBBT EN FEERNSTUDIENPROGRAMM.
SÜHST DU, SE HEBBT MI ENE DVD TOSCHICKT. IK KANN AN'N LEHRGANG MIT VULL HÖÖR- UN KIEKSTÜTT DEELNEHMEN.
WILLKAMEN BI ELBISCH 101!
UN WOKEEN WÖRR DAT SIEN, DE OP DE DVD ÜNNERRICHTET?
DAT WÖRR LIV TYLER.
UN WORÜM DRIGGT SE BLOT EN FIEGBLATT?
SE IS EN ELF. UI.
SPREEKT SE MI NA: "TI HI HI'!
ELBISCH-LEX EEN: DAGDÄÄGLICHES SINDARISCH.
*IN SINDARIN
(*LAAT US EEN BOOMHUUS BOEN.*)
SPREEKT SE MI NA.
(*LAAT US EEN BOOMHUUS BOEN.*)
elven press-on ears
(*DIENE MODER IS ENE HOORIGE ETTERBUUL.*)
SPREEKT SE MI NA.
(*DIENE MODER IS ENE HOORIGE ETTERBUUL.*)
elven press-on ears
(*DAT IS ENE PROPPER GRONSCHADDING.*)
SPREEKT SE MI NA.
(*DIENE MODER IS ENE HOORIGE ETTERBUUL.*)
ALLERBEST.
elven press-on ears
LOTHLINGUIST SELLSCHOP, KUNNENDEENST. WO KANN IK JI HELPEN?
MOIN. IK HEFF JEMEHR INFÖHRENLEHRGANG ELBISCH KÖFFT, UN NU HARR IK GEERN DE WIEDERMAAKLEHRGANG.
ELBISCH? MAN SE SÜND EN KEERL. DE MEHRST VUN US SCHÖLER VUNDAAG SÜND FRUUNSLÜÜD.
WÜRKLICH? WORÜM?
NU, WO SCHALL IK DAT SEGGEN...
...ET HETT LEST ENEN DULLEN ANDRANG OP NUMMERN SO AS "0190-ELBEN-SLAMP" GEVEN.
IK VERSTAH.
WEET SE, DOR IS EEN MARKT...
SCHICKT SE MI EENFACH DE LEHRGANG.

TIED, MIENE NEE SPRAAKKENNEN ANTOWENNEN...
MOIN? IS DOR DE KUNNHÜLPLIEN?
ÖHM, JO. MIEN INTERNET IS WEG. ET MUTT REPARERT WARRN.
ÖHM... SUPER. ROOPT SE MI AN, WENN ET VÖRBI IS. *KLICK*
KUMPAAN GREGOR.
PJOTR.
DU NOCH JÜMMÄRS STUDEERN ELBISCHÄ SPRAAK, DA?
DA... IK MEEN, JO.
IK CHEBBEN VÖRSLAG. TOSAMÄN WI WARRN WELT DWINGÄN MIT NEE LINUX-TOSAMENSTELLÄN: "ELBÄN LINUX"!
ENÄ TOSAMENSTELLÄN SE ALL TO KNECHTÄN!
... ... EHHH.
NETT. UN DU KANNST DI DE APENKÜNNIGEN "BIND"-WITZ SPOREN.
WAT MAAKT JI BUTTJERS DENN NU?
WI BOOT US EGENE LINUX-TOSAMENSTELLEN, "ELBEN LINUX".
OH? UN IS ET ANNERS AS DE ANNERN LINUX-DINGER?
JO. ALL SYSTEMMELLEN SÜND OP TENGWAR, NICH OP ENGELSCH, UN DU KANNST BEFEHLEN OP TENGWAR INGEVEN.
OH, GOOT. DAT WARRT MI DORTO BRINGEN, HINTOGAHN UN ENNELK LINUX TO STUDEERN.
HEHE, DU HARRST RECHT, PJOTR.
ALSO, STAATS "/DEV/NULL" WO WEER DAT MIT "/DEV/SCHICKSOLSKLUFTEN"?

WEER DAT DE GRIENER?
DA. HE FRAGÄN WÄGÄN "ELBÄN LINUX"-TOSAMENSTELLÄN.
CHE CHEBBEN VEELE FRAGÄN: "WAT IS TENGWAR", "WOHÄR KUMMT TENGWAR", "WAT MAAKT SINDARIN DE CHEELE DAG", DENN HE LOPÄN WÄG.
ABASIG...
SE WÜLLT WO HEN UTLOGERN?
WORÜM KANN IK NICH DE VÖRWOHL VUN "LOTHLORIEN" FINNEN?
KIEKT SE MOL, IK HEFF EN INDRAG "LOTHLORIEN TECHN'SCHE UTLOGERN" FUNNEN.
WÜRKLICH?
JO... DAT IS MAN ABASIG, DE VÖRWOHL FÖR LOTHLORIEN IS DE LIEK AS FÖR NEE DELHI.
WENN ET IN INDIEN IS, DENN GLÖV IK NICH, DATT SE ELBISCH SCHNACKT...
WIELDAT IN NEE DELHI...
UN WO GRÖTEN WI EN KUNN, WENN HE ANRÖPPT?
(*DIENE MODER IS ENE HOORIGE ETTERBUUL.*)
MOIN. WANNEHR WARRT DE "ELBEN LINUX"-TOSAMENSTELLEN RUTKAMEN?
PJOTR SEGGT, DATT WI DICHT AN FARDIG SÜND! IK HEFF HÖRT, DATT DU TEMLICH GOOT SINDARIN SCHNACKEN KANNST.
JO. DATT WEER OP'N GYMNASIUM. IK SPROOK ET DICHT AN FLETIG.
WÜRKLICH... DOLL.
UN? HEST DU MIT SINDARIN-SCHNACKEN DE DEERNS RÜM KREGEN?
IK HEFF DE SCHOOLKRANKENSÜSTER ALL NÄSLANG SEHN, NADEM IK DE HUCK VULL KREGEN HETT.
WENN DAT DAT IS, WAT DU MEENST.

PJOTR HETT LETZT NACHT DAT "ELBEN LINUX" RUTGEVEN. ET GIFFT AL ENE GROTE ANTAHL VUN RÜNNERLADENS.
DOLL. IK MUTT SEGGEN, IK BÜN BAFF.
UN, GREG HETT AL SIEN EERSTEN "ELBEN LINUX"-STÜTTANROOP IN DE MAAK!
OP SINDARIN?
NEE, SINDARIN IS FÖR DE SYSTEM-VIEZEN. HE BRUUKT DE SWATTE SPRAAK FÖR DE ANWENNERSTÜTT.
Ashdautas Vrasubatlat!
JI GÖDDER!
ENER VUN DE GROTEN OLLEN! IK HEFF SIET EWIGKEITEN KEEN OPPER NASTELLT, DATT SO MÄCH-TIG IS AS HE. IK WARR MI SACHT RANSLIEKEN MÖTEN, WENN IK SPOOD HEBBEN WILL.
IK BÜN SIENE SUCHT, SIEN AMBROSIA, SIEN WEHL UN SIENE FREUD, UN IK WARR MIEN LEVENSSAFT OP EM ÖVERDREGEN, OP DATT HE ENEN DEPEN SLUCK NIMMT...
NU... KIEKT EM AN. WIET OPRETEN OOGEN, BANG, DWUNGEN! EEN BÖÖS GOTT IS BANG VÖR MI!
DAMMIG, DAT SÜND EN POOR ECHT SCHARPE TENTAKELS!
PARDONG, MAN DAT SÜND KE-NE TENTAKELNS. DAT SÜND DRINKSPIEREN. DRINKSPIE-REN, UT DEN DU ENE LAAV FÖR DIEN FEVERIGEN VER-STAND KRIEGEN KANNST.
WÜRKLICH.
JO. NU DO EEN GROTEN SLUCK TO DIEN HARTBLOOT BI. UT BARM GEEV IK ET DI!
PUUST!
JAAAARRRRRRRRRGG!
BRUUS DÖR DE NAAS IS HATT, KEERL.
JO, MAN IK HEFF JÜMMERS NOCH DAT SEGGEN!

IK HAAT MIEN LEVEN. IK ARBEID IN DE LANGWIELIGST SCHICHT VUN MIEN TECH-JOB, UN IK VERKÖÖP SUPERMARKTGÖDER IN MIEN ANNERN JOB. BLAH.
IK HEFF BESLATEN, DAT ALLNS ACHTER MI TO LATEN. IK BRUUK ENE ÄNNERN. IK WILL DOR HEN, WONEEM MIEN MÖÖGLICHKEITEN UN MIEN LEVEN BETER SÜND. WONEEM IK DAT GEFÖHL HEFF, ALLNS ÜNNER KONTROLL TO HEBBEN.
WILLKAMEN BI ULTIMA ONLINE. WELK BEFEHLE HEST DU FÖR MI, MIEN HERR UN MEESTER?
UNNERDRÜCK DE BUERN.
NU, DAT IS, WAT IK MEEN! EN ANNERS LEVEN LEVEN IN DE ULTIMA-ONLINE-WELT. EN LEVEN LEVEN AHN VEEL TO REISEN.
MOIN, GODE HERR!
UN HIER SEH IK EEN MITSPELER. KUMM UN FLÜCHT MIT MI UT DE UNFREE KNECHTSCHAPP IN US ANNER SIEN.
MOIN! WOANS KUNN IK DI HELPEN?
VERKÖÖP MI BIDD EEN LIEF VUN DIN GODEN BROOT!
NA KLOR! EEN LIEF BROOT KÖST DI 4 GOLDSTÜCKEN UN...
* DU HEST JÜST DIEN KUNN MIT EEN DEEGRULL NEDDER SLAAN. *
JOU!
DAT WEER MAN NICH NETT VUN MI. DISSE SPELER HETT WOHRSCHIENLICH BLOT NA EN BETEN LICHT-HARTIGE SPAASS SÖCHT, UN IK KEEM UN HEFF EM DOOD SLAAN.
WELK BEFEHLE HEST DU FÖR MI, MIEN HERR UN MEESTER?
IK PLÜNNER DE LIEK, MIEN MEESTER!
TAP
TIP
TAPPY
TAP
BÖÖS SIEN BEDÜDET, DATT JEDEEN DAG WIEHNACHT SIEN KANN.

MOIN, GREG.
A.J.! WAT MAAKST DU DENN HIER SO LAAT?
OH, BLOT EN BETEN ULTIMA ONLINE SPELEN.
ECHT?
JO. UN RAAD, WAT PASSEERT IS! JÜST WULLT IK IN'T SPEEL EN BETEN BROOT KÖPEN, DOR HETT MI DE BÄCKER MIT SIEN DEEGRULL NEDDER SLAAN.
DAT IS JO GRÄSIG! KANN IK WAT DOON, ÜM DI TO HELPEN?
JOU. DU WEETST NICH TOFÄLLIGLICHERWIES, WOKEEN "MEESTER GREG, DE, DE PHERLERER BAMMEL VÖR HEBBEN SCHULLEN" IS, OR?
WOKEEN IS DE KEERL?
DAT IS TING KUAN. HE IS UNS NEE UTTOBILLENER.
HE FALLT TEMLICH OP, NE?
JO. IS TEMLICH SWOOR, SIEN ANNERSSIEN NICH SPITZ TO KRIEGEN..
IK MEEN, WOKEEN DREGT DENN EN HEMT MIT KNÖPPEN IN EN MASCHIENRUUM?
JICHTENSEEN MUTT ET EM VERTELLEN.
MOIN, IK BÜN GREG, DE ÜNNERSTÜTTER.
MOIN. NETT DI KENNEN TO LEHREN. IK BÜN KUAN.
WORÜM WULLST DU DENN HIER DIEN PRAKTIKUM MAKEN?
NU... JI HEBBT EEN NAAM BI TECHN'SCHE GÖÖD.
UN JI BETAHLT OK EEN EURO PRO STÜNN MEHR AS DE MINSTLOHN.
WILLKAMEN AN BORD!

HÖI, STEF. DAT IS KUAN! HE IS UNS NEE SYSTEM-VIEZ-UTTOBILLENER!
MO-IN. MIEN NAAM STEF.
IS HE KOPPSWACK?
DAT GLÖVT WI OK ALL.
DU DÖÖSBADDEL, WORÜM HEST DU MI NICH VERTELLT, DATT HE PLATT SCHNACKT?
WORÜM HEST DU ANNAHMEN, DATT HE ET NICH KANN?
NU... WEIL... HE IS, NUJA, ASIAAT.
AHA...
UN WORÜM SEGGST DU "HÖI, DEERN, WULLT DU NE KARBO-NADE OP DIEN RIES", WENN DU ACHTER ENE ASIAAT'SCHE FRU LÖPPST?
TÖÖV MOL, SE ALL SCHNACK OK PLATT?
PASS OP, KUAN. IK WARR DI'N BE-TEN WAT ÖVER DE OPGAVEN VUN EN SYSTEMVIEZ VERTELLEN.
SUPER!
GOOT, TOEERST START EEN EN BROWSER UN GEIHT OP ARS TECH-NICA, THE REGISTER UN GOOGLE. DENN START EEN NETHACK...
ÄH... WANNEHR KAAMT WI TO DE ECHTE VIEZOPGAVEN?
HÖR TO, WULLT DU LEHREN, WOANS EEN EN ECHTE SYS-TEMVIEZ IS, OR WAT?

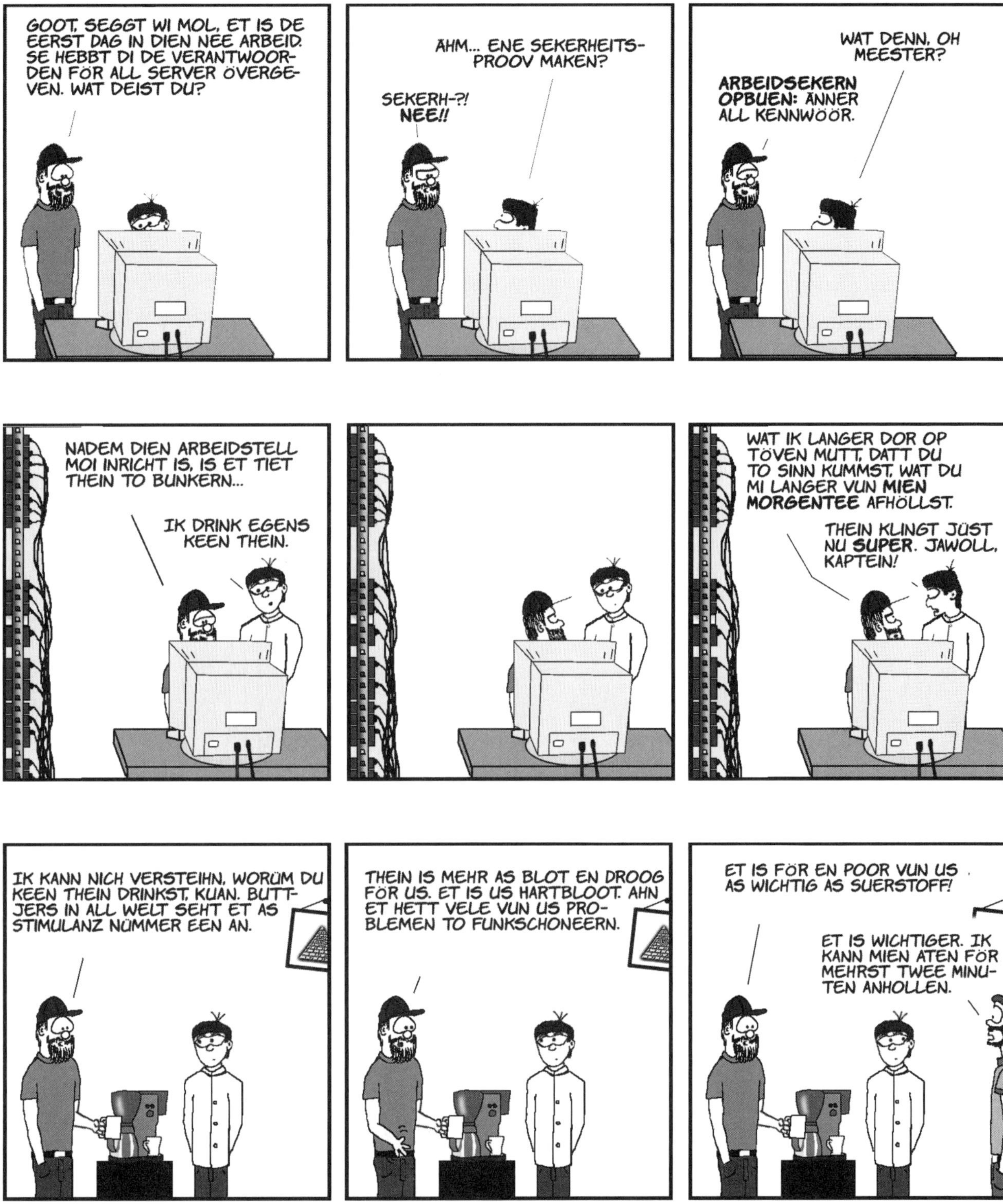
GOOT, SEGGT WI MOL, ET IS DE EERST DAG IN DIEN NEE ARBEID. SE HEBBT DI DE VERANTWOORDEN FÖR ALL SERVER ÖVERGEVEN. WAT DEIST DU?
ÄHM... ENE SEKERHEITSPROOV MAKEN?
SEKERH-?! NEE!!
WAT DENN, OH MEESTER?
ARBEIDSEKERN OPBUEN: ÄNNER ALL KENNWÖÖR.
NADEM DIEN ARBEIDSTELL MOI INRICHT IS, IS ET TIET THEIN TO BUNKERN...
IK DRINK EGENS KEEN THEIN.
WAT IK LANGER DOR OP TÖVEN MUTT, DATT DU TO SINN KUMMST, WAT DU MI LANGER VUN MIEN MORGENTEE AFHÖLLST.
THEIN KLINGT JÜST NU SUPER. JAWOLL, KAPTEIN!
IK KANN NICH VERSTEIHN, WORÜM DU KEEN THEIN DRINKST, KUAN. BUTTJERS IN ALL WELT SEHT ET AS STIMULANZ NÜMMER EEN AN.
THEIN IS MEHR AS BLOT EN DROOG FÖR US. ET IS US HARTBLOOT. AHN ET HETT VELE VUN US PROBLEMEN TO FUNKSCHONEERN.
ET IS FÖR EN POOR VUN US AS WICHTIG AS SUERSTOFF!
ET IS WICHTIGER. IK KANN MIEN ATEN FÖR MEHRST TWEE MINUTEN ANHOLLEN.

BAAS, HEST DU VUN DE VIRUS HEURT, DE AIR CANADA AFWÖRGT HETT?
JO. ET SÜHT SO UT, AS OF DAT EEN BÖÖS WEEK MIT VIRENS UN WÖRM WAS.
BÖÖS FÖR NORMALE MINSCHEN SO AS DU UN IK. BUTTJERS HEBBT JEMEHR SYSTEMEN AFSEKERT. EEN SÜHT SE NICH LIEDEN.
MIKE? WAT BEDÜDET DAT, WENN MIEN REEKNER SEGGT: "IK HEFF DI LEEF, SAN!"?
BRING MI ÜM.

(DPA)-SEKERHEITSEXPERTEN HEBBEN SEGGT, DATT DE VI-RUSOORTSCHE WORM, DE "HEFFSANLEEF' NÖMT WARRT, EEN DEEL VUN EEN STÜER-TEN ELEKTROONSCH AN-GREEP WAS, DE EEN VUN DE EERNSTHAFTIGSTEN SEKER-HEITSLÜCKEN UTNÜTTST HETT, DE JE IN LÜTTSTWEEK WINDOWS OPDECKT WEER ...
"AN ALL MITARBEIDERS: JI SCHULLEN BIDD SÜNNERLICH OP DE BEGÄNGIGEN VIRENIN-FEKTSCHOONSWEEG OPPAS-SEN WÄGEN DE KÖRTENS FIXEN VERBREDEN VUN WÖRM UN VIRENS.
DANK OK, MIKE.'
(CNN)- DE SOBIG.F-REEKNER-VIRUS - DE BET NU HUNNER-TE VUN DUSENDE VUN REEK-NERS IN DE HEELE WELT ÖVERRENNT HETT - IS DE FIXESTE SIK VERBREDENDE VIRUS. FACHLÜÜT WOHRSCHOEN, DATT DAT NOCH REDIG BÖÖS WARRN KUNN.
MIEN MASCHIEN IS BATZ REDIG LANGTÖÖGSCH WORRN. MAAK DAT HEEL.
AAARRRGH!!

NA GOOT, JI TWEE, HÖRT TO. WI MÜTT DORÖVER SCHNACKEN, WIE JI BEID JO AN DE SEKERHEITS-REGELN HOOLT.
WATT?
KIEKT. AS JI BI EEN ISP SIET MEHR AS EEN HALF JOHRTEINT ARBEID HEBBT UND IN DATT NETT STIPPT SÜND, WATT IS DE EEN RE-GEL, DE JI LEHRENT HETT?!
"MUUSDRÜCK OP ALLNS."
NEE!!

STEF, DU MUTTST DORMIT OPHÜRN, OP ANHANGS TAU MUUSDRÜCKEN, ÖVER DE DU NIX WEETST.
ÖI, IK WEET EN BARG ÖVER ANHANGS!
E-BREEF AFHOLEN
OH, REDIG?!
NA GOOT. WAT IS DENN ENE .PIF-DOTEE?
JAU!
E-BREEF APEN
ENE PUTTFARKELIGSCHE .GIF-DOTEE.
UN SO VERBREDET SIK DAT ELEND...
CLICK! CLICK! CLICK! CLICK!
MOIN, GREG? HIER IS ENE KOPEE VUN EN E-BREEF, DEN IK DI SCHICKEN WILL.
BÜN IK IN "VERSTEKEN KAMERA" OR WAT LIEK?
DE E-BREEF IS VUN EN KUNN, DE MUCHT, DATT DU EM EN POOR NETTSIETEN TOFAXT.
WAT MENST DU MIT "FAX EM EN POOR NETTSIETEN"?
NAU DAT. HE HETT US EN POOR URLS SCHICKT, UN HE WILL, DATT WI EM DE SIETEN TOFAXEN.
HETT HE EEN REEKNER?
JO.
HETT HE EEN NETTLINK?
JO.
UN WORÜM GEIHT HE DENN NICH SÜLVST OP DE NETTSIET?!
HE HETT KEEN PRINTER.

TÖV MOL, LATT US DAT MOL KLOORSTELLEN: HE NUTZT US AS PRINTDEENST?
SO WAT, GLÖV IK.
HE WILL UTPRINTS VUN NETTSIETEN, SEGGST DU.
JO...
DORMIT HE SE AS HART-KOPEE LÄSEN KANN.
JO.
WORÜM KÖFFT HE SICH DENN NICH EENFACH EEN PRINTER?!
HE HETT EEN. ET IS SIEN FAX-REEDSCHOP.

TECHN'SCHE STÜTT, EEN DICHT AN'N WAHNSINN AN'T KAVEL.
JO, MOIN. IK HEFF NOCH EEN POOR URLS. KUNNT SE MI DE NETTSIETEN BIDD TOFAXEN?
HÖR MOL TO, KEERL! ET IS NICH US JOB DE ...
IK MÖCHT, DATT SE MI DE HEEL NEE SIETEN UT DE PLAYBOY CYBER-CLUB TOFAXEN.
MÄNNICHMOL MUTT EEN JÜST SO DOON, AS DE KUNN VERLANGT...
BUZ-ZOONT
ZAAAAAAH
OONT
OONT

BÄH. KIEK DI DISSE SCHIET AN, DEN IK VUN MIEN DRÜK-KERBRETT AFSCHRAPT HEFF.
ET SWABBELT.
IK TRU MI NICH ET WEGTO-SMIETEN. ET KÜNNT TORÜCH KAMEN UN MI OPFRETEN.
UN WO WULLST DU ET LOS WARRN?
EBAY.
LAAT MI RADEN. IN DE KATEGORIE "BÜROARTIKEL"?

DAT IS BEKLOPPT. IK KANN NICH GLÖVEN, DATT IK DRÜCKERBRETTSCHIET BI EBAY BOL.
TAP
TIP
TAK
... MAN DAT BEKLOPPSTE IS, DATT IK MIEN DRÜCKERBRETT VÖR WENIGER AS EEN MAAND REINMAKT HETT. IK HEFF KEEN AHNEN, WO ALL DISSE MÜLL HER KÜMMT ...
DU HEST WAT MOOKT?!
IK HARR EN SNÖÖV UN HEFF MIEN HALVES ANTLAAT WEG PRUUSTET, KLOR?
EEN VUN DISSE TECHDÖÖSIES HETT MIEN ANTLAAT IN EBAY ANBADEN.
GODE GÖÖD.
UN DAT GRESIGST IS, DATT EEN ET KÖFFT HETT! WAT ÜM ALLNS IN DE WELT WULLT EEN MIT MIEN HALVEN ANTLAAT MOKEN?!
IK SEHN BÖÖS UT. BÖÖS!! HAHAHAHA!!
EHR GÖDDER, DU HEST RECHT.
HEFF IK DI JO SEGGT.
DU HEST DISSE KAMERAOPSATZ FÖR DIEN PDA, NE?
UN WAT HEST DU DORVUN, WENN DU SE AN DIEN PDA ANSLUTTST?
BUTTJER-SPEGEL, NJET?

DE BILDSCHIRM LETT MAN ABASIG UT.
ÖHM... JO... ET IS FÖR DATT NOC. KIEK MOL, DISSE TEKEN BÜN IK UN DISSE SÜND ALL PAKETE IN'T NETTWARK.
.... MIT DE PFEILENDRÜCKERS BEWEG IK MI ÜMHER UN STÖT DE PAKETE AN.
BASIG! LAAT MI MOL...
NEE! FAAT NIX AN!!!
WAT HEET: "DE RODE DRAKEN DRIPPT DI MIT 320 DP. DU BÜST DOODBLEVEN."?
DAT BEDÜDET, DATT ICK WEET, WOKEEN SIEN BREEFKASTEN NEEGSTE WEEK DE KUMPLEETE WARF-MÜLL KRIGGT.
MOL SEHN. IK GLÖV IK WARR EN ORC TOURIST.
STEF, WATT MOOKST DU DOR?!
WILLKAAM IN'T VERLIES VUN DE ÜNNERGANG
IK, ÖHM, HELP DAT NOC TO VERWALTEN. DIT IS EN NOC-KONSOLANWENN, WEETST, UN IK STÖÖT PAKETE RÜM UN DE PAKETE...
IK KUNN DI RUTSMIETEN, WIEL DAT DU MI ANLOOGST HEST, KLOR?
WAT? DU GLÖVST NICH, DATT DAT EN NOC-SCREEN IS?
NEE. WAT IK NICH GLÖV IS, DATT DU EN SYSTEMVIEZ BÜST.
DU HEST ET WÜRKLICH SCHAFFT, STEF TO'N NETHACK SPELEN TO BRINGEN?
JO. IS ALLN'T AFSÜNNERLICH
WO IS HE IN'T SPEL?
IK WÖRR SEGGEN AS JÜMMERS. AS JÜMMERS.
DU HESST MI MIEN LEEVDAG NICHT SEGGT, DATT DISSE DÖSIGE SPEL MOORDÜMPEL HETT!
DIEN SMUSEKATT "PJOTR" FRITT JÜSTEMANG DIEN LIEK.

A.J., HEST DU AL DE NEE STYLESHEETS FÖR DE WEBSITE FARDIG?
JAAAAUUUUUU!!!
IK HEFF JÜST EEN **GMAIL-KONTO** KREGEN!!
ACH...
WAT IS DAT FÖR'N WARVEL ÜM DI UN DIEN GMAIL-KONTO? WAT IS DAT ÖVERHAUPT?
ET IS EN WEBMAIL-ANBOTT VUN GOOGLE. IK HEFF IN'N ROHMEN VUN JEMEHR BETATEST EEN KONTO KREGEN. DAT HETT NOCH NICH VELE.
...UND, ET HETT SCHNACKVERFOLGEN, EN TEKENENSYSTEM, AUTOMAAT'SCHE WARFMÜLL-FILTER UN EEN GIG SPIEKERPLATZ, UN DAT BEST IS: MIEN KONTO IS REIN UN PLACKENFREE VUN WARFMÜLL!
IS NICH WOHR...
SCHIET...
To: scottrichter422@yahoo.com
ajgarrett@gmail.com
Wiederseggen.
TYPE
TAP
BETRAY
IK VERSTEIH DE BRASS ÜM DAT GMAIL-KRAAM NOCH JÜMMER NICH. WORÜM SÜND DE LÜÜT SO OSSIG OP DE KONTEN?
GMAIL WARRT VUN GOOGLE BEDRIEVEN, ALSO WARRT ET FÖR WELK TIET DOR SIEN...
...DORÜM STEIHT DE SCHANGS, DATT DU DIENE E-BREEF-ADRESS DIEN LEEFDAAG NICH WEDDER WESSELN MUTTST, WIEL DAT DE WEBHOST OPGEVEN HETT.
GOOT, MAN WORÜM WILL JEDEEN EEN GMAIL-KONTO **JÜST NU?**
WIEL DAT IK KENE E-BREEF-ADRESS HEBBEN WILL, DE UTSÜHT AS "**SIDDABSTER2004SABBELENGFEHWACKEL@GMAIL.COM**".

HÖI, HEST DU LUST OP ENE RUNN "ENEMY TERRITORY"?
GEIHT NICH. IK VERSÖÖK ENE NEE KIST FÖR MIEN VADDER TO'N VADDERDAG TO KÖPEN.
KIEK, APPLE WARVT DORMIT, DATT EHR NEE G5 DE BEST UN SNELLST REEKNER IN DE WELT WEER, WIELDAT INTEL BEHAUPTET, DATT EHR BÖVENST-ENN PENTIUM 4 DE SNELLST UN BEST WEER.
SO IS DE FRAAG: WELKEEN SEGGT DE WOHRHEIT?
KUMMT EEN JICHTENS AS DE TOKAMENE PRÄSIDENTENWOHL IN DE USA VÖR, NE?
WULL IK JÜST SEGGEN…

WAT KIEKST DU DOR?
G4TECHTV, DE COMCAST-ERSATZ VUN TECHTV.
A.J., DU KIEKST TWEE MINSCHEN BI'T PONG SPELEN TO.
NEE. IK KIEK TWEE **HETE DEERNS** BI'T PONG SPELEN TO.
JOU! HEFF IK JÜST EEN PUNKT MAAKT?!
JO. KIEK, WO DAT GLIMMERT! LÜÜT, JI MÖÖT DAT HEBBEN!

VUNDAAG WARRT WI IN G4TECHTV DE NEESTEN REEKNER-RULLENSPELE BESCHNACKEN.
DAT HIER IS GOOT. ET HETT VELE LÜCHTENDE FARVEN, SEUTE FIGUREN, VEEL BLOOT, UN ET IS SUPER DUDELEE VUN TT HOT POCKET DORBI!
MAN DAT HIER IS SCHIET. DOR MUTT EEN VEEL TOVEEL WÖÖR LÄSEN.
JOU! VEEL TOVEEL!
DOR STEIHT "TO'N SPELEN OP START DRÜCKEN".
WELKEEN HETT AL TIET TO'N LÄSEN?

A.J., IK KANN VERSTAHN, DATT DU TECHTV SEHN HEST, WIEL DAT IK ET OK BEGÄNGIGERWIES SEHN HEFF WÄGEN DE TECHN'SCHE TIPPS UN NARICHTEN. MAN DISSE G4-KRAAM IS BLOT SPELE-TV! UN DORTO NOCH SLECHTES SPELE-TV.
IS ET NICH! SE HEBBEN OK FUNDEERTE TECHN'SCHE SENNEN. UN EEN DORVUN FANGT JÜST AN...
DAT IS EEN REEKNER!
UN HIER SLUUT JI DE PUHEE-KNÜPPEL AN!! JAAAAAAU!!
JAAAAU.
BÄH.
BROWSE
BROWSE
BROWSE
BROWSE
IAAAARRRGG!!
WAT IS? NOCH ENE BLENKENDE "SLA-DE-AAP"-WARFFLAGG?
NEE, DE G4TECHTV-WEBSITE...
ENGFEH.
DU WETÄN, DATT BAYES-FILTÄR TEGÄN SPAM ANGAHN DÖR PRÖVÄN OP VÖRTÜÜG KAMÄN VUN SÜNNERLICHÄ WOORTPROVÄN VUN SPAM?
JO.
UN NU SPAM TEGÄN FILTÄR ANGAHN DÖR TOFÄLLIGÄS INBINNÄN VUN NORMALÄN WÖÖR?
ÖH... JO?
JO NU. MIEN NEE FILTÄR LÖSCHÄN ALL E-BREEFEN MIT NORMALÄN NICH-SPAM-WÖÖR! MIT BITO'N BAYES-FILTÄR IK SIEN SPAM-FREE!
...OR SOGOOR E-BREEFEN-FREE.
ÖH...

MIKE, DU GEIHST OP ENE DEENSTREIS. DU MUTTST FÖR US DE INSTALLATSCHOON VUN EEN ROUTER FÖR DE SITE VUN US NEE KUNN LEDDEN.
GOOT. WANNEHR GEIHT DE FLEGER?
GOR NICH, DU WARRST FOHREN.
WAT? DAT SÜND 3 DAAG FOHRT FÖR JEDEEN RICHT!
WI SPOREN DORMIT GILD, UN DU **MAGST** DOCH FOHREN, NE?
IK MAG DAT HEEL GEERN, ET SÜND BLOT DE 3 DAAG LANGEWIEL, DE MI STÖREN.
OH, DAT WART NICH DRÖHNIG...
KEEN SORG ÜM DE MUSIK. IK HEFF ALL MIENE "JUDITH UN MEL"-CDS DORBI.
WAT TO'N DÜVEL HEST DU FÖR US **DISSE** KOOR MEEDT? US BÜDSCHEE VERLÖVT US EEN PROPPERES MACKLICHES **LUXUS**-FOHRWARK.
IK DACHT AN DE SPRIETPRIESEN. WI MÖÖT SACHT SIEN.
HEEL TO SWIEGEN DORVUN, DATT WI DE ÜMWELT MITBEDENKEN MÖÖT. WAT WENIGER SPRIET WI VERBRUUKT, WAT LÜTTER DE VERSMUDDSTE FLAAG, DE WI TORÜCH LAAT.
DE INSTRUMENTEN OP DE ARMATURENBRETT LÜCHT IN **DREE VERSCHEDENE FARVEN!!**
DAT HETT NIX DORMIT TO DOON, WORÜM IK DAT AUTO UTKEKEN HEFF!!
MI WARRT OP LANGE FOHRTEN OK DRÖHNIG, MAN IK MAAK DINGER, ÜM MI TO VERGNÖGEN.
IK WEET MI WARRT DAT LEED DOON, MAN WAT MAAKST DU?
NU, TO'N BISPEEL ÄNNER IK DAT UTSEHN VUN DE WAGEN FÖR DE OPT'SCHE AMÜSEMANG.
UN WO?
KIEK TO DE ANTENN.
STEF!!
ACH, KUMM. ET IS LUSTIG.
VILLICHT 'N BET - **NEE!! NEE, IS ET NICH!**

WORÜM SLÖPPST DU NICH EN BETEN, STEF? WI HEBBT NOCH EN WIEDEN WEG BIT TO'N NAHSTEN MOTEL.
IK KANN NICH.
WORÜM NICH?
IK KRIEG ALBDRÖÖM, WENN IK IN'T AUTO SLAAP. IK DREIH DÖR, GRIEP IN'T STÜER UN VERSÖÖK DE KONTROLL TO KRIEGEN, OFSCHOONST ÖVERALL SCHILLER STAAHT, DE WIESEN, WONEEM DAT LANG GEIHT. IK IGNOREER SE, UN WI LANDT IN'N GRAVEN, EEN VERBUULTES WRACK.
JI GÖDDER! VUN WAT ÜM ALLNS IN DE WELT DRÖÖMST DU?!
DATT IK DE VÖRSTANDVÖRSITTER VUN COMDEX BÜN.
DAT IS ABASIG. WELKEEN HARR DACHT, DATT IK JICHTENSWANN OP DE AUTOBAHN MIT EEN BEKLOPPTEN MARKETINGKEERL FOHREN WÖÖR, DEN SIENE HÄNN BUNNEN SÜND, DORMIT HE NICHT IN'T STÜER GRIEPEN KANN...
...UN HE DRIGGT ENE SLAAPMASK, DORMIT HE DAAGSÖVER SLAPEN KANN. DAT IS SO...
OH, BI WODE!
AAAIIIIIIIIIIIIIEEEEEE
QUIIIIETSCH! SLEUDER! DREIH!
EEEEEE
SACHTS WEER DAT DOCH NICH SO DÖSIG.
WORÜM HEBBT WI US DREIHT?! WORÜM FOHRT WI NICH MEHR? WORÜM BÜN IK JÜMMERS NOCH BUNNEN UN HEBB DE OGEN VERBUNNEN? IN DE NAAMS VUN ALLN GÖDDER!! WAT IS PASSEERT?!?!
IK HEFF BINAH EEN REH ÖVERFOHREN. ALLNS KLOR?
BLOT EN BETEN VERSCHRAKEN! UN WO GEIHT DI DAT?
MI GEIHT DAT SUPER!
DAT IS WÜRKLICH EEN VUN DE UNNERHALTSAMSTEN FOHRTEN, DE IK JICHTENS MAAKT HEFF!
MOIN! ALLNS KLOR BI JO?
RAP RAP
UH..OH.

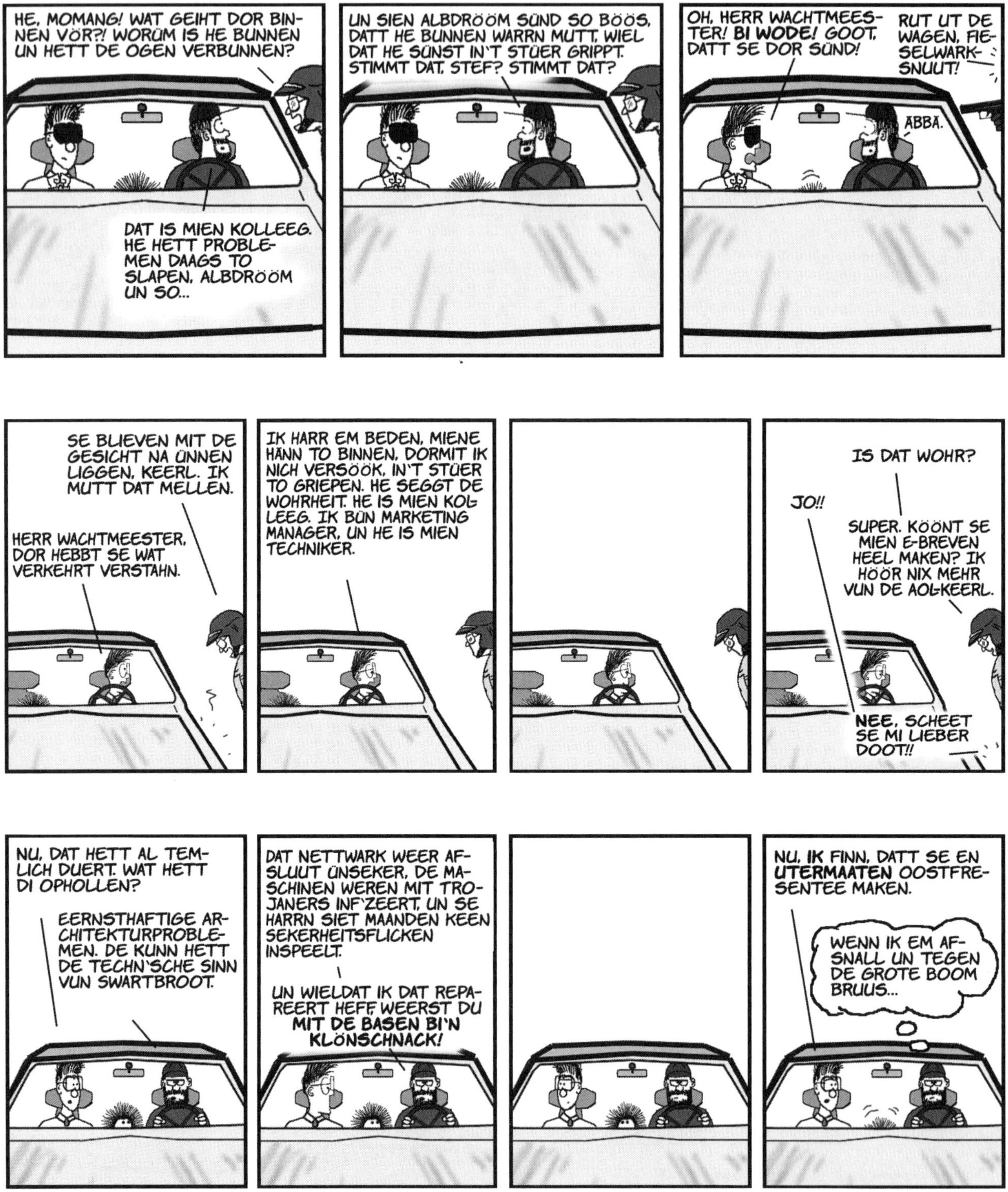
HE, MOMANG! WAT GEIHT DOR BINNEN VÖR?! WORÜM IS HE BUNNEN UN HETT DE OGEN VERBUNNEN?
DAT IS MIEN KOLLEEG. HE HETT PROBLEMEN DAAGS TO SLAPEN, ALBDRÖÖM UN SO...
UN SIEN ALBDRÖÖM SÜND SO BÖÖS, DATT HE BUNNEN WARRN MUTT, WIEL DAT HE SÜNST IN'T STÜER GRIPPT. STIMMT DAT, STEF? STIMMT DAT?
OH, HERR WACHTMEESTER! BI WODE! GOOT, DATT SE DOR SÜND!
RUT UT DE WAGEN, FIESELWARKSNUUT!
ÄBBÄ.
SE BLIEVEN MIT DE GESICHT NA ÜNNEN LIGGEN, KEERL. IK MUTT DAT MELLEN.
HERR WACHTMEESTER, DOR HEBBT SE WAT VERKEHRT VERSTAHN.
IK HARR EM BEDEN, MIENE HÄNN TO BINNEN, DORMIT IK NICH VERSÖÖK, IN'T STÜER TO GRIEPEN. HE SEGGT DE WOHRHEIT. HE IS MIEN KOLLEEG. IK BÜN MARKETING MANAGER, UN HE IS MIEN TECHNIKER.
IS DAT WOHR?
JO!!
SUPER. KÖÖNT SE MIEN E-BREVEN HEEL MAKEN? IK HÖÖR NIX MEHR VUN DE AOL-KEERL.
NEE, SCHEET SE MI LIEBER DOOT!!
NU, DAT HETT AL TEMLICH DUERT. WAT HETT DI OPHOLLEN?
EERNSTHAFTIGE ARCHITEKTURPROBLEMEN. DE KUNN HETT DE TECHN'SCHE SINN VUN SWARTBROOT.
DAT NETTWARK WEER AFSLUUT ÜNSEKER, DE MASCHINEN WEREN MIT TROJANERS INF'ZEERT, UN SE HARRN SIET MAANDEN KEEN SEKERHEITSFLICKEN INSPEELT.
UN WIELDAT IK DAT REPAREERT HEFF, WEERST DU MIT DE BASEN BI'N KLÖNSCHNACK!
NU, IK FINN, DATT SE EN UTERMAATEN OOSTFRESENTEE MAKEN.
WENN IK EM AFSNALL UN TEGEN DE GROTE BOOM BRUUS...

STEF SLÖPPT AL WEDDER, MIKE.
HE IS FÖRWISS FARDIG MIT JACK UN BÜX VUN SIEN SWOREN TEE-DRINKEN.
ZZZZZ
JOOOOOOOOO!!!
AAAAAAAAARRRRGGGG!!!
SCCRRRREEEEEEEEEEEECH
WAT?! WAT?! HEST DU WEDDER WAT BINAH DRAPEN?!
NEE, IK WULL BLOT ENEN DRAMAAT'SCHEN SPOORWESSEL MAKEN.

IS DAT ENE WRIST-STÜTT? WAT HEST DU MAAKT?
ÄHM... DUERSAMES STRECKEN IN MIENE TWEETE ARBEIT.
DU HEST ENE TWEETE AR-BEIT? WAT MAAKST DU?
JO, IK MUTT ÖVER DE RUNNEN KAMEN, UN IK... ÄH... IK BÜN EN "AKTIVER INTER-NET-WARFMELLEN-AGENT".
DU BEDRÜGGST ALSO, INDEM DAT DU STÜNN ÜM STÜNN OP GOOGLE-TEXTWARFMELLEN MUUSDRÜCKST.
WAT SCHALL IK SÜNST MIT MIENE DIABLO-2-KENNEN MAKEN?!

A.J., HEST DU WÜRKLICH ENE TWEETE ARBEIT? BETAHLEN WI DI HIER NICH NOOG?
JO UN NEE. DE AKTUEL-LEN GEHÄLTER IN DE IT HOOLT MIT DE KÖSTEN FÖR DAT UTKAMEN NICH MEHR MIT.
DE MEDEN SÜND EXPLODEERT, LE-VENSMIDDEL SÜND DÜRER WORRN, DEENSTE MAAKT US NAKELT, VER-SEKERN SÜND IN'N HEVEN SCHATEN, SPRIETPRIESEN MAAKT US ARM, DE BOTTEN OP EBAY FÖR BÖRGEN IN ULTIMA ONLINE SÜND SEEK, UN DE GESUNDHEITSKÖSTEN SÜND NICH MEHR TO BESCHRIEVEN.
MOMANG... HEST DU SEGGT "DE BOTTEN OP EBAY FÖR BORGEN IN ULTIMA ONLINE"?
OH, ET IS SEEK! DU WULLT ET NICH WE-TEN, KEERL. ET IS EENFACK GRESIG.

IK VERDEEN NICH NOOG, ÜM ÖVER DE RUNNEN TO KAMEN, SID. IK DEEL MIENE BILLIGE WAHNUNG MIT EN SPINNER. IK EET FARDIGMAHLTIEDEN UN WITTEN RIES. IK FOHR MIT'N BUS, UN MIEN STROOM KRIEG IK VUN'T LOOPRAD VUN MIEN HAMSTER. ET GIFFT NIX, WAT IK **NOCH** MAKEN KUNN.
DÖRV IK VÖRSLAAN, DATT DU OPHÖRST, VIRTUELLE BORGEN OP EBAY TO KÖPEN?
UN WAT KUMMT ACHTERNA? SCHALL IK OPHÖREN TO ATEN?
A.J., WOVEEL NAU HEST DU LETZT MAAND OP EBAY UTGEVEN?
SO WAT ÖLVENHUNNERT EURO.
ÖLVENHUN-- BI WODE. **WOFÖR?!**
DISSE GROTE BORG IN EN DAAL IN DE NEEG VUN EN POOR MINEN UN EEN WOOLD VULL MIT HASEN, UN IK WARR LAGERRUUM AN EN POOR ANNERE SPELER VERMEDEN UN RIEK WARRN!!
GOOT. ALSO RIEK IN DE **SPELE**WELT, NICH IN DE WÜRKLICHE WE-
LA!! RIEK! RIIIEK!!
HELP MI MOL, BIDD. IK VERSTEIH DIEN FANAAT'SCHEN DRANK NICH, ECHTES GILD FÖR VIRTUELLE GÖDER UTTOGEVEN.
KIEK MOL, SID. ULTIMA ONLINE UN DE ANNERN ONLINE-ROLLSPELEN SÜND WELTEN, DE US NAFRAGEN UN WÜNSCH WEDDERSPEGELT.
UN DISSE WELTEN GEEVT US ENE MÖÖGLICHKEIT, DAT TO SIEN, WAT WI WÜLLT! WI HEBBT ENE VIRTUELLE WEERTSCHAPP, SÜNNERLICHE SOZIOLE STRUKTUREN UN SOGOR EN POLIT'SCHES SYSTEM!
UN IK NEHM AN, IK SCHULL FRAGEN, WORÜM DAT SOVEEL BETER SIEN SCHALL AS DE ECHTE WELT?
WIEL DAT IK **KEUNIG** BÜN!

SE HEBBT SIK IN ULTIMA ONLINE ANMELDT. WILLKAMEN, JOON MAJESTÄÄT!
ÖI! WOKEEN BÜST DU?
IK BÜN BARON GARRET, UN IK BÜN JOON KEUNIG.
KEUNIG?! OH, WO NETT. WO HEST DU DAT DENN TOSTANNEN BROCHT?
IK HEFF FORWISS NICH FÖR DI STIMMT.
JICHTENSENE WATERIGE SLUDDERTRIEN HETT DI EEN ZEPTER IN DE HAND DRÜCKT, NE?
SPAM! SPAM! SPAM! SPAM! SPAM! SPAM! LOVELY SPAM! WONDERFUL SCHPÄÄÄÄÄÄMM!
SPELEN MIT BUTTJERS IS MÄNNICHMAL AS ETEN VUN SLABBERJUX MIT ENE KEDENSAAG. INTERESSANT, MAN SEHR.
KIEKT, IK BÜN JOON KEUNIG
NEE, BÜST DU NICH. WI SÜND ENE ANARCHO-SYNDIKALISTISCHE KOMMUUN. WI WESSELT US IN DE LEID AF. JEDEEN DÖRV MOL FÖR ENE WEK EXEKUTIV SPELEN...
TAP! TIK!
HÖÖR OP MIT MONTY PYTHON! OPHÖREN!!
... MAN ALL ENTSCHEDEN VUN DE JEWEILS VERANTWOORTLICHE MÖÖT IN ENE SITTEN...
... DE ALL TWEE WEKEN INBEROPEN WARRT, RATIF'ZEERT WARRT...
IK SEE OPHÖREN!!
Angreep mit keuniglichen Zepter +9!
SLA! DOOT! TIPP!
PLACKEN MAAK!
VERMUCKTE BUER!
OP DE EERST BLICK BLOOTKOPPEL A POSITIV!
IK BÜN KEUNIG GARRET, UN DIT IS MIEN KEUNIGRIEK.
EN WIESER UN CHARISMAAT'SCHER REGENT. KEUNIG GARRET WEER LIEKERS DWUNGEN, DAT NETT MIT WAPENMACHT TO EROBERN. GOOTNAAMS AS BÜÜT UN REPARATSCHOONSBETAHLEN.
UN KIEK! HE DEE DAT FÖR VELE JOHREN, BIT DAT HEELE INTERNET EM TOHÖRT.
..OOOO (...UN AS KEUNIG GARRET DE WIED VUN SIENE GÖTER SEEG, DOR WENT HE, WIEL DAT ET KENE URLS MEHR TO EROBERN GEEV.)
HÖI, WEB-TÖFFEL. WOVEEL WULLT DU FÖR LLAMA-MAMA.NET?

BUMM
WAMM
BRATTATTATTATT
RÖÖÖHRR!!
SUPER... IS DAT DOOM III?
KA-KNACK! GURGEL!
NEE, DAT IS BLOT DE VIDEOVÖRSCHAU.
MUUSDRÜCK! MUUSDRÜCK! MUUSDRÜCK! MUUSDRÜCKEDI! DUERSAM MUUSDRÜCK!
ÄHHHH ÄÄÄÄHHHH ÄBBÄ!!

WO IS A.J.? SCHULL HE NICH AN DISSE BESPRE-KEN DEELNEHMEN?
ÄHM... DOOM III IS VUNDAAG IN DEN REGALEN KAMEN.
WAT?! WULLT DU MI VILLICHT VERTELLEN, DATT HE JÜST NU DOOM III SPEELT?!
NEE, SO WÖRR IK ET NICH FORMULEERN.
Programmstart nich mööglich. Et warrt vermuckt mehr Gra-fikspieker bruukt.
A.J.?

DU SPELST JÜMMERS NOCH ULTIMA ONLINE? IK DACHT, DU HARRST DAT ALLNS FÖR DOOM III UPGEVEN.
WEES NICH MALL, GREG. IK HEFF VEEL TIET UN GILD IN ULTIMA ONLINE STEKEN.
UN MEHR AS DAT. IK HEFF MIT VELE LÜÜT IN UO FRÜNDSCHOP SLATEN. IK WARR SE NICH EEN-FACK SO UPGEVEN.
GOOT, DEIT MI LEED, DAT WEER MI SO NICH KLOR.
WAT WULLST DU NOCHMAL FÖR DIENE BORG HEBBEN?
ENE GRAFIKKOORT! ENE GRAFIKKOORT! MIEN KEUNIGRIEK FÖR ENE GRAFIKKOORT!

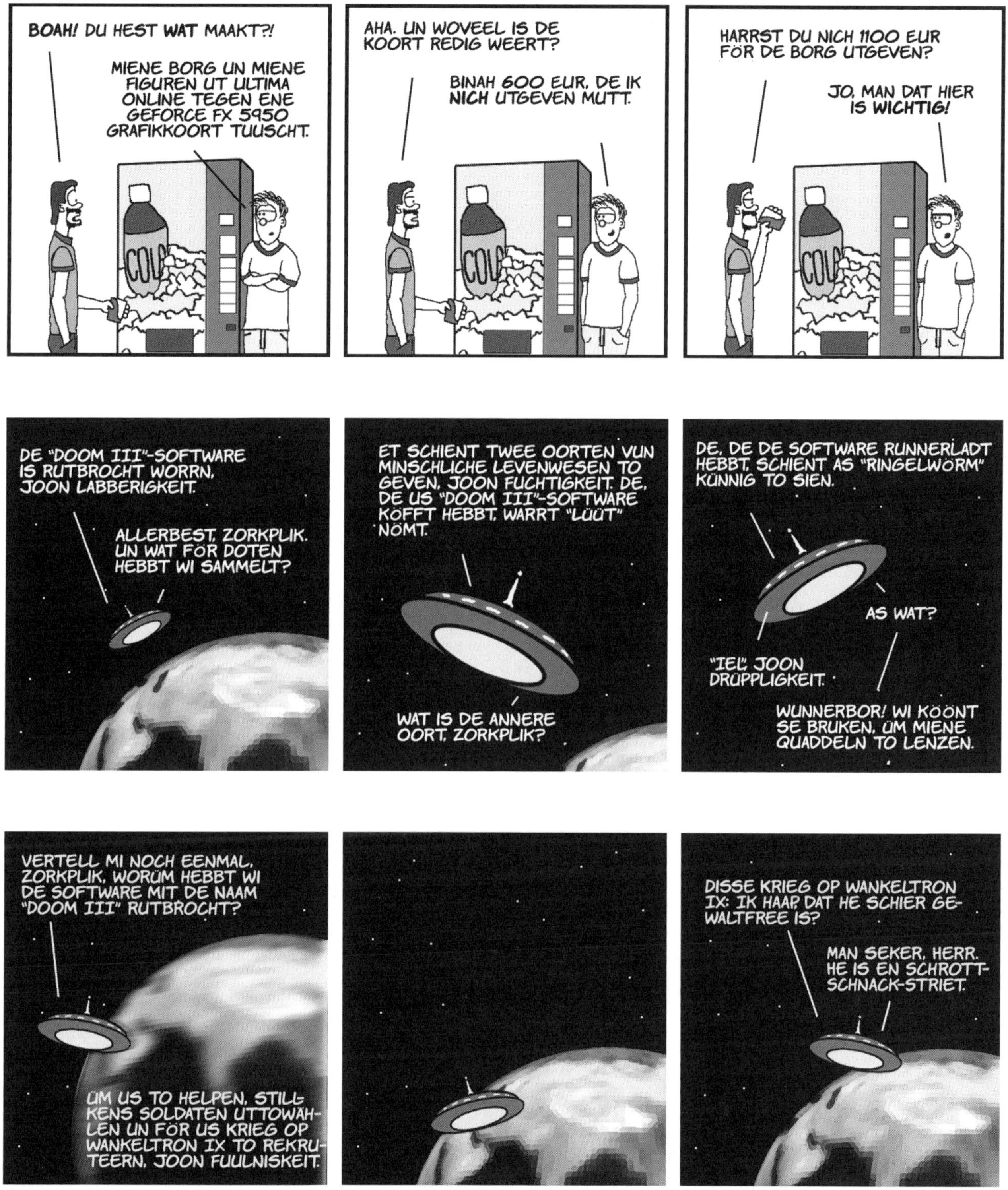
BOAH! DU HEST WAT MAAKT?!
MIENE BORG UN MIENE FIGUREN UT ULTIMA ONLINE TEGEN ENE GEFORCE FX 5950 GRAFIKKOORT TUUSCHT.
AHA. UN WOVEEL IS DE KOORT REDIG WEERT?
BINAH 600 EUR, DE IK NICH UTGEVEN MUTT.
HARRST DU NICH 1100 EUR FÖR DE BORG UTGEVEN?
JO, MAN DAT HIER IS WICHTIG!
DE "DOOM III"-SOFTWARE IS RUTBROCHT WORRN, JOON LABBERIGKEIT.
ALLERBEST, ZORKPLIK. UN WAT FÖR DOTEN HEBBT WI SAMMELT?
ET SCHIENT TWEE OORTEN VUN MINSCHLICHE LEVENWESEN TO GEVEN, JOON FUCHTIGKEIT. DE, DE US "DOOM III"-SOFTWARE KÖFFT HEBBT, WARRT "LÜÜT" NÖMT.
WAT IS DE ANNERE OORT, ZORKPLIK?
DE, DE DE SOFTWARE RUNNERLADT HEBBT, SCHIENT AS "RINGELWÖRM" KÜNNIG TO SIEN.
AS WAT?
"IEL", JOON DRÜPPLIGKEIT.
WUNNERBOR! WI KÖÖNT SE BRUKEN, ÜM MIENE QUADDELN TO LENZEN.
VERTELL MI NOCH EENMAL, ZORKPLIK, WORÜM HEBBT WI DE SOFTWARE MIT DE NAAM "DOOM III" RUTBROCHT?
ÜM US TO HELPEN, STILLKENS SOLDATEN UTTOWAHLEN UN FÖR US KRIEG OP WANKELTRON IX TO REKRUTEERN, JOON FUULNISKEIT.
DISSE KRIEG OP WANKELTRON IX: IK HAAP, DAT HE SCHIER GEWALTFREE IS?
MAN SEKER, HERR. HE IS EN SCHROTTSCHNACK-STRIET.

A.J., WORÜM SITTST DU HIER RUM UN DEIST NIX?
IK LUUR DOROP, DATT HALF LIFE 2 RUTKÜMMT.
IK... WARR... NICH... FRAGEN... ACH, WAT SCHALL'T.
UN WAT IS DAT FÖR'N DING DOR ÜNNER DIEN BILDSCHIRM?
MIENE NEE GRAFIKKOORT FÖR DAT SPEEL.
MUNCHKIN
A.J., HEST DU MOL DORAN DACHT, DATT DU VILLICHT, BLOT VILLICHT, EN GLÜCKLICHERE MINSCH WÖRRST, WENN DU FRUUNSLÜÜT BLOT **EEN TEIHNDEL** VUN DE ACHT GEVEN WÖRRST, DE DU REEKNERSPELEN SCHENKST?
COLA
MUNCHKIN
COLA
MAN IK GEEV FRUUNSLÜÜT ACHT. SOGOR VEEL.
IK SPREEK NICH VUN DE FRUUNSLÜÜT UT DE **FAMILIE JPEG!**
COLA
WAT IS DENN NOCH?
A.J., IK VERSÖÖK, DI WAT WICHTIGES TO SEGGEN...
WEETST DU NICH, DATT ET BUTEN VUN DIENE REEKNERSPELEN ENE HEELE WELT GIFFT? ENE **ECHTE** WELT, IN DE ERFÜLLEN UN GLÜCK IN DIENE RECKWIED SÜND.
MAN IK **BÜN** AL GLÜCKLICH UN ERFÜLLT...
BÜST DU NICH!!!
IK WETT, DATT SIK GORDON FREEMAN SIEN LEEVDAAG NICH MIT DISSE OORT VUN UNNORMALEN MATERIAAL RUMSLAAN MÜSS.

SE WULLEN MIT MI SPREKEN, BAAS?
JO, DAT STIMMT.
IK HEFF DE LETZT NACHT SCHWEETBAADT WAAK LEGEN, NADEM IK SE BEDEN HETT, DATT SE DE WIEHNACHTSDEKORATSCHOON IN DE FIRMA MAAKT. IK HEFF DOCH KEEN FALSCHE ENTSCHEDEN DRAPEN, NE? OH, WODE, SEGGT SE MI BIDD, DATT IK KEEN FALSCHE ENTSCHEDEN DRAPEN HEFF.
BAAS, SE BRUKEN SIK ÖVERHAUPT KEEN SORGEN TO MAKEN. ET IS ALLNS REGELT.
STEF!
DER LÜTT KEERL HETT EN SPITZKOPP. HEHE.
JI GÖDDER. WAT IS DENN MIT EM PASSEERT?
STEF HETT EM AS DANNENBOOM UTSTAFFEERT.
DISSE SCHURK! DITMOL IS HE TO WIET GAHN!
DÜVEL OK, JO.
ALSO, KANN IK MI EM FÖR DE WIEHNACHTSTIED UTLEHNEN?
SID!
SID!!
UN KANN HE "OH, DANNENBOOM" SINGEN?
KEEN SORGEN, LÜTT KEERL, IK HEFF DI GLIEK ENTFLITTERT.
BEDANKT.
KANNST DU EGENS "OH, DANNENBOOM" SINGEN?
A.J.!!

HOOL UT, LÜTT KEERL, BÜN DICHT AN FARDIG... HE, DU HEST DANNEN-BOOMLICHTER DOR OP DI. MAN DAT SÜND KEEN DANNENBOOMLICHTER...
SE FÖHLEN SIK AFSÜNNERLICH AN. SÜND ET TOONWANDLER-LEDS?
NEE... IN KEEN FALL. SE LAAT JICHTENS AFSÜNNERLICH.
MI IS JÜST OPFULLEN - MIEN HANDTELEFOON LÜCHTET NICH MEHR OP...
DAT IS OOK BI MIEN PDA SO.
HEBBEN EEN SEHN LÜTT BLOGES LICHT VUN MIEN ATOM-BOMB?

GIV ET TO, STEF. DU HEST BI JEDEEN DE BLOGE LICHTEN RUTRETEN UN SE UP MULLMUUS STECHT, NE?
ET KUMMT DORUP AN, AS EEN ET SEHT.
KIEK MOL, WENN IK WUSST HETT, DATT JI WEET, DAT IK ET WESEN WEER, HARR IK ET NICH MOOKT, UTER WENN ICH WUSST HETT, DATT JI NICH HETT WETEN KUNNT, DATT IK ET MOOKT HETT, DENN HETT IK IN DISSEN FALL ET MOOKT, WIEL IK WEET, DATT JI NICH WEET, DATT IK ET MOOKT HETT.
IK GLÖV MIEN BACKBOORD OOG HETT SIK NA BINNEN STÜLPT.
BI WODE. HEST DU DONALD RUMS-FELD NAMAAKT?
AAARGH! DATT SÜND MIENE OPTISCHE NERVEN!
IK HEFF BLOT DÖR SCHRIEVEN VUN E.U.L.A.S ÖVT...

Züritüütsch

Vorwort von saminz

Das „inz" in meinem UFie-Namen steht für Zürich. Ich bin Stadtzürcher Bürgerin und mitten im leicht verrufenen Viertel „Chreis Cheib" zuhause.

Züritüütsch, also „Zürichdeutsch", ist der Zürcher Dialekt (nicht „Züricher", liebe Leute aus dem großen Kanton!). Er wird mehr oder weniger so gesprochen, wie ich es schreibe. Ich habe mich zwar kundig gemacht, wie das „offiziell" (Schobinger) organisiert wird, fand das aber nicht besonders praktikabel. Hier findet ihr also meine persönliche Auffassung – schließlich ist dieses Buch kein Standardwerk für Sprachwissenschaftler. Bestimmt existieren zur Schreibweise so etwa 500.000 Meinungen, so viele Menschen wohnen nämlich ungefähr in und um Zürich...

Die Übersetzungen auf dem UserFriendly-Forum waren für mich eine unwiderstehliche Herausforderung, und man hat mich dort sehr freundlich aufgenommen. Ein typisches UFie bin ich allerdings nicht: Ich arbeite in der Druckvorstufe und bin täglich von Bildschirmen umzingelt – trotzdem kann ich keine einzige Zeile programmieren. Auf dem UFie-Forum würde man das vielleicht einen „Luser" nennen, aber im Zürcher Dialekt hat „Luser" eine durchaus freundliche Bedeutung: „Die hat's faustdick hinter den Ohren".

Natürlich sind mir Illiads Figuren seit Jahren ans Herz gewachsen. Ob Miranda und A.J. doch noch eine gemeinsame Zukunft haben? Ob Stef doch irgendwann eine leise Ahnung kriegt von den Menschen und Dingen, die ihn umgeben? Leute, falls ihr's noch nicht tut, lest weiter!

Aussprachebesonderheiten

Das „ch" wird wie in „machen" gesprochen – nicht wie ein „k", auch wenn es oft an Stellen verwendet wird, wo im Hochdeutschen ein „k" stehen würde.

Ein „ue" bedeutet nicht „ü", sondern wird wie die beiden Laute gesprochen, so wie sie dastehen: „u-e". Zum Beispiel bedeutet „luege" nicht „lügen", sondern „schauen", „hinsehen".

„ä" vs. „äe": Das „ä" ohne anschließendes „e" wird wie in „Käfer" gesprochen. Folgt ein „e", steht „äe" für einen weicheren Laut, mehr in Richtung „e". Beispiele: Häerzchäferli, Diäet, abnäeh, Träening.

Wörterverzeichnis

abe	runter
abschliiche	„abschleichen"; sich aus dem Staub machen, flüchten
abtrucke	(ungern) bezahlen
	„... woni ha müesse n'abtrucke für die Puess." – Was ich als Bußgeld bezahlen musste.
Chole	Geld
	„Däe verdient en Huuffe Chole." – Der verdient einen Haufen Geld.

Cheib	Der „Cheib“ kann ein Mensch sein, aber auch ein Gegenstand. Leicht derogativ.
	„Isch das en schwäere Cheib.“ – Ist das Ding aber schwer!
	„So n'en blöde Cheib.“ – So ein dummer Kerl.
dänn	dann
Hafechääs	„Hafenkäse“. Vernichtendes Urteil: Es gibt eine Schweizer Weichkäseart, den „Ziger“, der traditionell in „Hafen“, also kleinen Kannen bzw. Töpfen, hergestellt wird und ziemlich streng riecht...
Hämp	Hemd
hässig	beleidigt, grießgrämig, sauer
Hörnli	Häufigste Nudelart in der Schweiz.
	„G'hackets mit Hörnli“ – Hackfleisch mit Nudeln, Regionalgericht
ie	rein (im Sinne von „hinein“, nicht „sauber“)
läck	leck mich
Leugeli	Kleiner, kaum genießbarer Weißfisch (den es im Zürichsee wirklich gibt). Verächtlich.
muesch	musst du
Schtutz	(Schweizer) Franken, sowohl in Einzahl wie in Mehrzahl
	„Häsch mer en Schtutz?“ – Haste mal 'ne Mark?
	„Das hät zwänzg Schtutz g'choschtet.“ – Das kostete 20 Franken.
Tubel	Trottel, Idiot
ue	rauf
use	raus
uselaah	rauslassen, unbedacht äußern, aber auch: nicht ganz legale Dinge verkaufen
	„Däe laaht im Fall nu Seich use.“ – Achtung, der erzählt bloß Mist. Oder: Was der verkauft, ist schlechte Ware.
	„Was laahsch use?“ – Was hast du anzubieten?
wänn	wann
zruggblibe	zurückgeblieben, minderbegabt

OH, HEILIGS VERDIENE... MINI BIRE... WAS HAN ICH BLOSS TRUNKE GESCHTERT Z'NACHT?
ESO GROSS HÄTTS ABER UNE'N I DE FLÄSCHE NÖD UUSGSEEH...
UF ES WORT, BISSOGUET...
DU CHASCH DICH NÖD FÜR ALI ZIITE DET UNE VERSCHTECKE. WEISCH, MIR ZWEE HÄND EINIGES Z'BESCHPRÄCHE.
UND WAS WÄERI DAS?! UND WÄER GENAU BISCH DU ÜBERHAUPT?
ICH BIN D'INKARNATION VOM TEQUILAWURM, SYMBOL VOM SUFF AN SIICH, WO I DE TÜÜFSCHTE TÜÜFI VO DE MÄNSCHLICHE PSYCHE SITZT. IHR MÄNSCHE ERWECKED MICH JEDES MAL ZUM LÄBE, WENN'S IRGENDEN AALASS FÜR E FETE GIT...
WENN DU'S ES "FÄSCHT" FINDSCH, FÜR ALLES, WAS DU IN B'SOFFNEM ZUESCHTAND AA GRICHTET HÄSCH, VERANTWORTLICH G'MACHT Z'WÄERDE, DÄNN SICHER!
ASO NIMMSCH DU MICH JETZT ZUNERE FETE MIT?
GEMEIN, DU HÄSCH G'SEIT, DU LIEBISCH MICH.
BUTTER
LUEG, WAS IMMER ICH G'MACHT HAN, ZUM DICH UUFTAUCHE Z'LAA, ES TUET MER LEID. ISCH GUET?
NEI, NÜÜT ISCH GUET. WAS DU G'MACHT HÄSCH, ISCH VOLLSCHTÄNDIG JENSIITS.
JETZT ISCH DE MOMÄNT VO DE WARET. ZIIT ZUM DI GANZI VILSCHICHTIGI BOSHEIT WAHRZ'NÄEH VO DÄEM, WO DU AAG'RICHTET HÄSCH IM SUFF UND DEZUE Z'SCHTAAH.
KÄERLI, MIR SIND RICHTIG VERRUCKT UF DICH - EUSI LIEDER ASEWÄEG GOGE ZERLEGGE, GESCHTERT I DERE KARAOKEBAR!
MENUDO?!?
ICH HANS JA G'SEIT. ABSOLUT JENSIITS.

NEI, GANZ ESO LIECHT ISCHES NÖD, DU LEUGELI. ICH BIN DA, DAMIT DU 'ZWUNGE WIRSCH, VERANTWORTIG Z'TRÄGE FÜR ALLI DINI SCHANDTATE WÄREND DINERE SUMPFTUUR.
BITTE, GANG EIFACH EWÄEG.
JETZ LUEG... WAS IMMER DU BISCH... ICH GIBE ZUE, EN SCHLIIMSACK Z'SII. UND EN LÜÜGNER. UND II'BILDET. UND SOGAR MORALISCH FRAGWÜRDIG...
KOLEEG, 'S VOLLI PROGRAMM. JETZT SIND GRAD DIE VO NSYNC AACHOO, ZUM DIR DE MEISCHTER Z'ZEIGE.
ABER DU CHASCH MIR NÖD TSCHULD GÄEH FÜR DAS MIT EM MENUDO! DAS ISCH EIFACH OBERFIES!
DEET ISCH ER!
GÄND'S EM!
LUEG, ICH FANGE'N AA, MICH A LETSCHT NACHT Z'ERINNERE. UND ALLES, WAS PASSIERT ISCH, ISCH, DASS ICH MICH BESOFFE HAN. ICH HANS NÖD EMAL ESO WIIT 'BRACHT, DASS ICH WÜRKLI HETTI CHÖNE SO RICHTIG SCHÖN GEMEIN WÄERDE. ASO VERGISS ES. ICH NIME KEI SCHULD UF MICH.
ASO GUET. ICH LÖSCHE JETZT EIFACH ES CHLIISES, LÄBESWICHTIGS SCHTUCK VO DINERE ERINNERIG ALS SCHTRAF. EN SCHÖNE, NO.
SAUBLÖDE WURM. MEINT, ER CHÖNN MICH FERTIG MACHE...
AUHHHH... BIRE TUET GRUUSIG WEH....
CTHULHU HEB VERBARME! DE PJOTR?!?!
ÄEHHH WAS ISCH FÜR TAG HÜT?
VILICHT BLIIB ICH EIFACH UNDER DE TECKI, UND ÄER G'SEEHT MI NÖD.
SCHNÜFFEL SCHNÜFFEL
PFUI GEIER. OFFEBAR TAG VO JAHR ZUM FÜESS WÄSCHE.
NNNGGGGGG!!!
WÜRG

USER
FRIENDLY
the comic strip
PIZZA
Portrasher 4
ROTO-ROUTER 800
PJOTR, WAS G'HÖÖR ICH DA VOWÄEGE DU UND DE SCHTEFF IM GLIICHE NÄSCHT AM SILVÄSCHTER?
JA, ISCH SCHO ESO.
ÄCHT?!
HANI WELE WEICHS PLÄTZLI ZUM SCHLAFE. ISCHER DÄE, WO WENIGSCHTE G'SCHTUNKE HÄT VO ALLI DEET.
WEISCH, DE SCHTEFF WEIS NÜME, ÖB IRGENDÖPPIS PASSIERT ISCH ODER NÖD. UND ER FÜRCHTET 'S SCHLIMMSCHTE. DU SÖTTISCH VILICHT ZUENEM GAAH UND EN ECHLI BERUIGE.
JA. GUETI IDEE.
HMMM, CHUNNT MER IN SINN KAPITEL 7 VO "BÖSES SCHENIE FÜR DUMMIES"...
...MAGESCHLIIMHUUT HÄT BESCHRÄNKTI WIDERSCHTANDSCHREFT.
'S NÖECHSCHT MAL WILI Z'EERSCHT ES AESSE UND IS KINO, IM FALL.

GREG, HÄSCH DU DE SCHTEFF GSEEH? ICH BIN ÜBERZÜÜGT, DASS ICH EN HAN I ECHOO GSEEH HÜT AM MORGE...
SCHO. ER HÄT GMEINT, ER GÄECHI SICH AMENE FLÄSCH-MOB GOGE N'AASCHLÜÜSSE.
EMENE... WAS?
EMENE FLÄSCH-MOB. GITS SIT E PAAR JAAHRE. ES PAAR LÜÜT CHÖMED ZÄME, MACHED ÖPPIS G'SCHPÄSSIGS, UND DÄNN GÖNDS WIDER USENAND. SEG'S WIS WELL, ICH BI NÖD WÜRKLICH SICHER, ÖB DE SCHTEFF DAS PRINZIP SO RÄCHT VERSCHTANDE HÄTT.
WAS?! UND WO SIND ÖII RÄGEMÄNTELI?

HOI. WAS MACHSCH?
ICH PRÖBLE MIT DÄEM NETZWÄERK-MANAGEMENT-ONLINE-ZERTIFIZIE-RIGS-DINGS UME. UND HAN ES PRO-BLEM MIT DERE FRAG: "BESCHRII-BEDSI ZWEE WÄEG, WIE N'EN NETZ-WÄERK-DESIGNER SINI LEISCHTIG CHAN VERBESSERE".
DU SEISCH ASO "KAFI UND ZUCKER"??
UFGRUND VO MINE BEOBACHTIGE BI DIR...

SCHEFF? HÄNDSI MIS MAIL ÜBERCHOO?
SICHER. SI WÄND ASO EN KURS NÄEH UND SICH ZUM NETZWÄERK-ADMINISCHTRATOR WIITERBILDE?
JAJA, GENAU.
ICH FINDE DAS GROSSAR-TIG, DASS SI SICH WÄND VERBESSERE. UND WERUM NETZWÄERK?
WISOO..? EIFACH DAMIT ICH CHAN LAN-PARTYS SCHMEISSE UND SO. FÜR WAS SÖTTIS DENN SUSCHT GUET SII?
BLÖD VO MIR. DA BINI JA SCHO NA FROH, DASS ES NÖD FÜR SO ÖPPIS NÄ-BESÄECHLICHS WIE'NEN KARIERESCHRITT ISCH.

ASO GUET. SI WÄND A DÄE KURS. ICH UNDER-SCHTÜTZE DAS.
MERCI, SCHEFF! SI SIND DE GRÖÖSCHT!
ABER ICH FINDE, MIR SÖT-TED DAS WIITERBILDIGS-AAGEBOT ECHLI WIITER SCHTRÖIE. ICH WEISS DA EINE, WO WÜRK-LICH MAL E PAUSE BRUUCHT VO SINE MARKETING-PFLICHTE.
ÄEH... ÖHMM...
ICH GIBE ZUE, ES MACHT MICH ECHLI NERVÖS, WENN SI MEINED, DE SCHTEFF BRUUCHI E PAUSE VOM MARKETING.
ES ISCH ABER SCHO ÄCHT TRAGISCH.
SCHEFF, ICH HAN E WUNDERBARI NEUI MARKETING-IDEE FÜR ÖIS! "100 SCHTUNDE GRATIS MIT EM SCHIGOLO SCHTEFF, WENN SI HÜT UNDER-SCHRIIBED!"

DIE UUSBILDIG ISCH SO'NE ZIIT-VERSCHWÄNDIG. ZÄME MITEME RUDEL TECHI-WEICHEIER UND GARANTIERT MIT SCHLÄCHTEM KAFI. IMENE MARKETING-KURS ISCHES WENIGSCHTENS EIFACH, ES HEISSES CHICK Z'TRÄFFE!
HEILIGEBECK!!
HOPPLASCHORSCH!
ISCH DAS ES GEILS G'SCHTELL ODER WAS?
GEILS G'SCHTELL?! WO?! **WO?!!!**
DAS ISCH **ESO** DENÄBE!
SACKSCHTARCH... HÜBSCHI ROUTER, USSERTDÄEM.
ES GSEEHT RICHTIG HEI-TECH UUS UND SO.
ICH CHAN'S GAR NÖD GLAUBE. ICH BIN ZRUGG IMENE SCHUELZIMMER. ABER ICH TÄNKE, GANZ ESO SCHLIMM ISCHES GAR NÖD. MAL ABG'SEEH VOM LEERE.
DU FINDSCH DAS VILICHT SCHWÄER Z'GLAUBE, ABER ICH HANS NÖD LIECHT G'HAA I DE SEK. ICH HANS G'HASST. ICH BIN SCHO NA FROH, DASS DAS EN KURS FÜR ERWACHSENI ISCH.
HE... DÄE KÄNED MER DOCH?
GUETE TAG, KLASS. "GUETE TAG, HERR DABSTER" GIT SCHO ES FÖIFI. "MEISCHTER DABSTER, ICH BIN EN UNWÜRDIGE" GIT EN SÄCHSER. JEDER, WO SEIT "ALLI EURI BAASENE SIND ÖISI" ODER ÖPPIS VERGLIICHBARS, ISCH DUREG'HEIT. HÄMMER ÖIS VERSCHTANDE?
ALLI EURI NOTE SIND... **AIHHH!!! ISCH MER ESO USEGRUTSCHT!**
ASO, NAMAL, DASS DAS KLAR ISCH. ÖISI NOOTE HANGED DEVO AB, WAS MIR ZU INE SÄGED.
ODER WAS IHR MIR GÄND. IRGENDÖPPIS, WON'IHR TÄNKED, EN LEEHRER CHÖNNTIS BRUUCHE.
CHUIISES MOMÄNTLI.
ZWÄNZGER ODER LÄPPE?
MÜNZ. DAS CHUNNT BESSER ALS WURF-G'SCHOSS, WENN ICH MUES SCHLAFENDI SCHÜELER AAVISIERE.

SOSO. WAS ISCH DAS?
EN ÖPFEL! DASCH E GANZ EN ALTI TRADITION.
SCHO SIT DE... ÄEH... WIKINGERZIITE ISCH DAS ESO. ME HÄT EM LEEHRER ÖPFEL G'SCHÄNKT, DAMIT ER XUND BLIIBT. UND DÄE SCHÜELER, WO DI BESCHTE N'ÖPFEL 'BRACHT HÄT, HÄT AMIGS AU DI BESCHTE NOOTE ÜBER-CHOO.
ISCH DAS ESO...
HEY! WAS ZUM GEIER SÖLL DAS?
ÄEH... DASCH EN ÖPFEL. IMAC. FÜR DE LEEHRER.
NEI, A.J. DAS ISCH DIS ABSCHLUSSZÜGNIS.
ASO, LÜÜT, MER FÖND AA MIT EM KURS. MIR SCHTELED ÖIS VOR, IR SEGED IM NETZWÄERK-MA.....
ZZZZZZZZ *SCHNARCH*
WÄSCHHHHHHH!!!
ZACK!
AUA!
HÄNDSI JETZT WÜRKLICH EMENE SCHÜELER EN IMAGKOMPI AAG'-RÜEHRT, ZUM EN UUFWECKE?
ASO BITTE, WAS HETTI DENN SUSCHT DEMIT SÖLE MACHE?
ICH GLAUBE NÖD, DASS ER NO WACH ISCH.
FEIN. SIND SO GUET, SCHLÖND EURI BÜECHER UUF, KAPITEL 2, UND...
ISCHES WAHR, DASS ICH NACH DÄEM KURS 100.000 SCHTUTZ UFS JAHR VERDIENE?
NÄ-Ä.
OU.
UND WAS FÜR EN KURS MUES ICH NÄEH, ZUM SOVIL Z'VERDIENE?
UNSCHPUNE-SCHTEI RÜERE. UND DÄNN MACHSCH E LÄBESVER-SICHERING.

WILLKOME AU HÜT. WIE GESCHTERT BESCHPROCHE, LEERED MER HÜT ÖPPIS ZUM THEMA SAMBA.
SAMBA ASO. ICH BIN SICHER, DI MEISCHTE VO EU WÜSSED, DASS ES E GRATIS-ERWIITERIG VO SMB ISCH. UND DAS ISCH ES PROTOKOLL, WO DATE UND DRUCKERTRIIBER ZWÜSCHET PCS UUSTUUSCHE HILFT.
AU WENN SO EINIGI DAS KONZÄPT NÖD WÜRKLICH VERSCHTÖND.
ICH HASSE DIE TECHIS. ICH HASSE SI ABGRUNDTÜÜF.
MOMÄNT, CHÖNNTI SICH MAL EINE UM DÄE IMAC KÜMMERE? DÄE STÖÖRT MIS ÄSTHETISCHI EMPFINDE. TÜEND EN EMAL NÖIMET HÄERE, WONER NÖD ESO UUFFALLT.
HEY!! AAUHH!!
JETZ HEB EMAL ANE...
DASCH GUET, A.J. WENIGSCHTENS PASST'S FARBLICH.
ICH KRIEGE'N ES "A"!
DU KRIEGSCH JEDE MOMÄNT ÖPPIS UF DIN "A"!
ASO, KLASS. ICH CHAN EU MIT FREUDE MITTEILE, DASS DI MEISCHTE VO EU RÄCHT GUET ABG'SCHNITTE HÄND BIM EXAME. ICH GLAUBE, MIR HÄND DA ES PAAR RICHTIG TALÄNTIERTI TECHNOLOGE.
ANDERERSIITS, MIR HÄND AU EIN SCHÜELER, WO DI TÜÜFSCHTI PUNKTZAHL G'SCHRIBE HÄT, WO'N ICH JE G'SEEH HAN.
EN SCHÜELER, MUES ICH DEZUESÄGE, WO'NEM'S GANZ VERZWIIFLET AM SCHLIFF MANGLET.
GSEEHSCH NUME, A.J.

ICH SÄG'S JA NÖD GÄERN. ABER ES ISCH NÖD DE A.J. G'SII, WO DI TÜÜFSCHTI PUNKTZAHL VO ALLNE ZIITE G'SCHRIBE HÄT.
NÖD?
NÄ-Ä. UND MIS MORALISCHI G'WÜSSE VERBÜÜTET MIR, VOR DE GANZE KLASS DE NAME VO DER BETRÄFFENDE PERSON Z'SÄGE.
ISCH IN ORNIG. DAS ISCH WARSCHINLICH EN FEINE ZUG.
CHÖNNTEDSI EUS EN AAHALTSPUNKT GÄEH IN FORM VOMENE LIMERICK?
"DE WÄBSCHTÜBLER SEIT ZU SIM SCHEFF"...
HEY!!

DASCH EIGENTLICH EN RÄCHT KUULE LEERGANG G'SII, SO UFS GANZI G'SEEH, ODER, SCHTEFF?
JÄÄH.. WENN'D MEINSCH.
NIMMT MICH JA WUNDER, WAS DE SID G'MEINT HÄT MIT "E FIRMA WÜRDI BESSER FAHRE MITERE VERZAUBERETE ACHTERCHUGLE WEDER MIT DIR ALS NETZWÄERKTECHNIKER".
MACH DU NUR ESO WIITER. G'SEEHSCH DÄNN, WAS'D DEVOO HÄSCH.

SO, WIE ISCHES G'SII I DE WIITERBILDIG, A.J.?
GUET. ICH HAN EN HUUFFE G'LEERT. JETZ CHAN ICH EM MIKE BI ALLERHAND HÄLFE, OHNI IMMER NUME BAHNHOF Z'VERSCHTAH.
FEIN. UND HÄT DE SCHTEFF AU ÖPPIS GLEERT?
GRAD GNUEG ZUM SICH BLAMIERE.
ICH WEISS JETZT ALLES ÜBER NETZWÄERK UND SO. DRUM VERSCHTAH N'ICH JETZT AU, WISOO ICH DUUREND IM QUAKE VERLÜÜRE... DASCH NUME WÄGE DENE PAKET-VERLÜSCHT!

SCHEFF, ICH HAN INE NUME WELE TANKE SÄGE, WILL ICH A DÄE LEERGANG HAN TÖERFE. UND ZUM BEWIISE, DASS ICH ÖPPIS GLEERT HAN, HAN ICH ES CHLIISES EXPERIMÄNT GSCHTARTET ZUM LUEGE, ÖB MER NÖD CHÖNNTED D'PRODUKTIVITÄT ECHLI AAHEIZE.
SOSO?
ICH HAN E SCHTIMMERKÄNIGS-SOFTWARE UF ALLNE MASCHINE IM BÜRO INSCHTALIERT.
UND WIE WÄNDSI D'TECHNIKER DEZUE BRINGE, AU NUR IN ERWÄEGIG Z'ZIEH, SI AU AAZ'WÄNDE?
WO ISCH MINI TASCHTATUR?!
WAS SÖLL ICH DENN JETZT DE GANZ TAG MIT MINE HÄND AAFANGE? ICH HAN DOCH NUME 'S INTERNET UND... ÄEH...
DI FIRMEWIITI INSCHTALATION VO SCHTIMMERKÄNIGS-SOFTWARE, IN VERBINDIG MIT EM VERSCHWINDE VO ALLNE TASCHTATURE, ZWINGT D'MITARBEITER, IRI IIGABETECHNIKE AAZ'PASSE.
WILLKOME BI "WAGGEL SPITZ DOT COM!"
BROWSER SCHLÜÜSSE. BROWSER SCHLÜÜSSE. BROWSER SCHLÜÜSSE. BROWSER SCHLÜÜSSE. BROWSER SCHLÜÜSSE...
ES PAAR HÄND DIE UMSCHTELIG PROBLEMLOS G'SCHAFFT. EIFACH DUR'S KONVERTIERE VO IRNE REFLÄX UF'D SCHPRAACHÄBENI.
LINKSUM. HALT. RAGGETE ABFÜÜRE.
WÄREND ANDERI SICH MIT WORTE GENAUESO UNG'SCHICKT AASCHTELED WIE MIT DE FIINMOTORIK...
ÄEH... ÄEH... ÄEH... VOR D'RAGGETE SCHTAH! NEEII! ICH MEINE...!!
VERSCHLIRP
HOI. DE MAIL-SERVER ISCH GRAD ABG'SCHTÜRZT.
WÄGE WAS?
WEISS ES NANIG. ABER MIR SÖTTED GSCHIIDER FÜRSCHI MACHE MITEM FLICKE. D'LÜÜT LÄBED UND ATMED DUR IHRES E-MAIL...
ASO, CHUM JETZT ABER. D'LÜÜT CHÖND WÜRKLICH EMAL ES PAAR MINUTE OHNI SII.
ZUM FÖIFEVIERZIGSCHTE MAL: VERBINDIG ZUM MAIL-SERVER UNMÖGLICH.

CHAN ICH IHNE HÄLFE?
ALLERDINGS. SIND SIE DE A.J. GARRETT?
SCHO. WÄER SIND DENN SIE?
VERDIGRIS, WEBLEY. INQUISITOR.
SOVIL ICH WEISS, HÄT DI KATHOLISCHI CHILE D'INQUISITION VOR 200 JAHR ABG'SCHAFFT.
KATHOLISCHI CHILE? ICH CHUME VO DE NATIONAL-AKADEMIE VO RECORDING-KUNSCHT UND -WÜSSE-SCHAFT.
UND WAS GENAU WÄND SIE BI ÖIS UNDERSUECHE?
'S ÜEBLICHI HALT. ICH BIN CHO, ZUM MUETWILLIGI FÄLL VO MUSIGPIRATERIE IM KEIM Z'ERSCHTICKE.
MIR SIND DA US VERLÄSSLICHER QUÄLLE INFORMATIONE ZUECHOO. ES SCHIINT, SI HEGED MUSIG VON-ERE CD UF ES MP3-FORMAT ÜBER-SCHPILT. MIR VO DER AKADEMIE SIND DA GAR NÖD GLÜCKLICH DEMIT.
ABER ICH HAN DOCH DIE CD G'CHAUFT!
ABER NUME N'ES EINZIGS MAL.
SI WÄND DOCH NÖD ÖPPE SÄGE, ICH SÖTTI ES ZWEIT'S MAL ZALE?
WÄER DOCH NÜÜT ALS RÄCHT, ODER?
NÜÜT ALS RÄCHT? WISOO?
DE KÜNSCHTLER HÄT LANG UND HÄERT G'SCHAFFET. HÄERZBLUET VERGOSSE FÜR SIS LIED. ER HÄT SIN GERÄCHTE LOHN Z'GUET, FÜR JEDI KOPIE, WO SIE G'NÜÜSSED.
ASO LOSEDSI. ICH HAN DE **HAMSCHTERTANZ** ÜBERSCHPILT!
GSEH N'ICH UUS WIE N'EN BIICHTVATTER?

SIE BEGRIIFED'S EIFACH NÖD. ES ISCH EBE GENAU DIE "ICH HAN 'S RÄCHT, MIT MINERE CD Z'MACHE, WAS IMMER ICH WILL" IISCHTELIG, WO DE INDUSCHTRIE ESO Z'SCHAFFE MACHT.
NÄ-Ä. SO BIN ICH DOCH GAR NÖD. ICH TÄNKE NÖD, DASS ICH ES RÄCHT HAN, DIE CD Z'KOPIERE UND SI Z'VERCHAUFE. NÖD EMAL Z'VERSCHÄNKE. ABER ICH WOTT 'S RÄCHT HA, DRUF ZUEZ'GRIIFE, AU NÖIMET ANDERSCH ALS UF MIM OFFIZIELL BEWILLIGTE CD-PLAYER.
SÄGEMER EMAL, ICH BIN UF EM BESCHTE WÄEG ZUMENE MEDIEMOGUL.
SÄG ICH DOCH, DINI GIIR KÄNNT EKEI GRÄNZE.
DUR'S ÜBERSCHPIELE UF MP3 VERLETZEDSI DI ARME KÜNSCHTLER, WO IRI TÜÜFSCHTE SEELE ÜBERLAUFE LÖND IN SÜESSI MELODIE.
TÄNKEDSI EMAL ANEN HUNGERNDE MUSIKER, WO SICH JENI NÄCHT BIM KOMPONIERE UM D'OHRE G'SCHLAGE HÄT! TÄNKEDSI A DI GANZE PULVERISIERTE FERTIGMAHLZIITE, WO SI IHM EWÄEGNÄMED, WENN SIE SINI MUSIG KOPIERED!
ASO GUET. WIE TÖNT DAS: ICH SCHICKE N'EM MUSIKER NA N'EN SCHNÄGG.
NEEII! ICH MEINE... MACHEDSI SICH EKEI UMSCHTÄND. ICH CHAN IHM DAS GÄLD SÄLBER VERBIIBRINGE...
INQUISITOR VERDIGRIS, ISCH IHNE ERFOLG BESCHIDE G'SII?
LEIDER NÖD. ICH HAN VERSEIT, MEISCHTER. ICH HANS NÖD G'SCHAFFT, DÄE ÜBELTAETER VO SINERE SCHULD Z'ÜBERZÜÜGE.
ES G'SEEHT GANZ ESO UUS, DASS MIR ÖIS DA MÜEND DE SITUATION AAPASSE UND ÖISERI GÜRTEL ÄNGER SCHNALLE.
SO ISCHES.
GÖMMER MORN GO Z'MITTAG ÄSSE?
GAERN, MEISCHTER. ABER Z'CANCUN, NÖD Z'PARIS. MIR MÜEND UF D'CHÖSCHTE VOM PRIVAATFLÜÜGER LUEGE.

HÄERZCHÄFERLI! WAS MACHSCH DENN DU NO DA?
ICH HAN GRAD NETT MITEM SCHEFF PLÄUDERLET. ER HETTI GÄERN, DASS ICH NO CHLI BLIIBE UND DI TECHNISCHE PROJÄKT MÄNÄTSCHE.
DU MEINSCH DIE, WO N'ICH NÖD RICHTIG MÄNÄTSCHE?
ES GIT WAHRSCHIINLICH NIE EN GUETE MOMENT FÜR ES CHIND, SINI ELTERE FERTIGZ'MACHE, ODER?

ABER SCHATZ. ICH BIN DOCH DE TECHNISCHI LEITER. DIE PROJÄKT Z'MÄNÄTSCHE G'HÖÖRT ZU MIM SCHTELEBESCHRIEB.
LUEG, PAPI...
MUESCH ES ESO AALUEGE. ICH BIN DINI ASSISCHTÄNTIN. ICH ENTLASCHTE DICH VO DÄEM GANZE MÜESAME PROJÄKTMÄNÄTSCHMENT, DEMIT DU DICH UF DIE WICHTIGERE UUFGABE KONZÄNTRIERE CHASCH. GANG Z'RUGG ZU DÄEM, WO'D G'MACHT HÄSCH, BEVOR DU TECHNISCHE LEITER WORDE BISCH.
SIE HÄND 'S AMULETT VO YENDOR G'FUNDE!
HÄSCH G'MEINT NÖD?...

SALI, MIKE. ICH AKTUALISIERE GRAD D'PROJÄKTDATEBANK UND HETTI DA NO E FRAG. CHÖNNTISCH DU MIR EN TERMIN GÄEH, WÄNN'S NÖIE NETZWÄERK PARAT ISCH?
NEI. ICH HAN NANIG G'NUEG INFORMATIONE DA DEFÜR.
OH...
ASO. CHÖNNTSCH DU MIR DÄNN EN TERMIN GÄEH, FÜR WÄNN DU MIR CHÖNNTISCH EN TERMIN GÄEH?
ICH.... NEI!!

BISSOGUET, MIKE! ES ISCH GANZ ENTSCHEIDEND FÜR MINI PLANIG I DÄEM PROJÄKT Z'WÜSSE, WÄNN DAS NETZWÄERK SCHTAAHT.
ISCH MER SCHO KLAR, PEARL. ABER ICH HAN EIFACH NANIG ALI INFORMATIONE, WO N'ICH BRUUCHE.
UND DU SEISCH, DU CHASCH MIR NA KÄN TERMIN GÄEH, WÄNN DU MIR CHÖNNTISCH EN TERMIN GÄEH?
ÄEH... DIR EN TERMIN GÄEH... WÄNN ICH CHAN... EBE. NEI, CHANI NANIG.
CHÖNNTISCH DU MIR DÄNN EN TERMIN GÄEH, WÄNN DU MIR CHÖNNTISCH EN TERMIN GÄEH, WÄNN DU MIR CHÖNN-TISCH EN TERMIN GÄEH?
DIR EN TERMIN GÄEH... WÄNN ICH CHÖNNTI... GÄEH.... TERMIN.... **NEI! FERTIG JETZT!!!**
MIRANDA. SALI
OU, SALI PEARL. DU BISCH IMMER NA DA?
SCHO. ME HÄT MICH AAG'FRÖEGET Z'BLIIBE UND 'S PROJÄKTMÄNÄT-SCHMENT Z'ÜBERNÄEH.
ÄCHT, DU, IM KADER.
JAWOLL. BITTE SCHICK MER DOCH E DETAILLIERTI LISCHTE VO DINE UUFGABE VO DERE WUCHE.
ASO ZEERSCHT EMAL MACHED MINI NAGELFIILE UND ICH EN PLAN, WIE MER DICH IN EN PEZ-SCHPÄN-DER VERWANDLED, SCHWÖSCHTER...
FEIN. SIMMER ALI DA. Z'EERSCHT EMAL MERCI AN ALI FÜR ÖII DE-TAILLIERTE ARBETSPLÄN.
KÄS PROBLEEM.
ZWEITENS. ICH WEIS DER UUF-WAND UND D'SORGFALT Z'SCHET-ZE, WON IHR ALI FÜR ÖII LISCH-TENE 'TRIBE HÄND.
ALLERDINGS, UND DRITTENS, "D'WÄLT VERBESSERE" ZELLT NÖD WÜRKLICH AS EN MEILE-SCHTEI IN ÖISEM PROJÄKT.
SCHO FALSCH, BA-BUSCHKA. WENN ICH MAL BÖSE OBERGURU BIN, WIRD D'WÄLT DÄNN EBE **SCHO** BESSER.
BABUSCHKA?

ASO, GREG. NACH DINERE LISCHTE SCHAFFSCH DU DRAA, D'SCHADEFALL-DATEBANK UUSZ'MISCHTE. WIE LANG HÄSCH DU NA DRAA?
VIER WUCHE.
FEIN. LAS ES MICH ESO SÄGE. WIE LANG HÄSCH DRAA, WÄMER D'QUAKE III ARENA US DINERE MASCHINE NÄMED?
ZWEE SCHTUN... **ICH MEINE, VIER WUCHE!**

DAS ISCH E SEHR FRUCHTBARI SIT-ZIG G'SII, TANKE AN ALLI. JEDE HÄT ASO SINI UUFGABELISCHTE. JETZT FÖMER ASO AA UND SETZED DIE MEILESCHTEI!
BITTE NÄMED USSERTDAEM ZUR KÄNNTNIS, DASS IHR MIR MITEM AK-ZEPTIERE VO DENE N'UUFGABE UUSDRÜCKLICH D'ERLAUBNIS G'GÄEH HÄND, ÖI NACH FREIEM ERMÄSSE UUSZ'BÜÜTE. EN SCHÖNE, ZÄME!
SIE HÄT EMAL FÜR KAZAA G'SCHAFFET, ODER?
ICH HAN NÜÜT DEGÄGE, WENNS DÄNN BEDÜÜTET, DASS ICH SIE MAL GRATIS BLUTT CHAN G'SEEH.
HMM..

ASO, ICH MACHE **KEI** DIÄET. UND KALORIE ZELI SCHO GRAD GAR NÖD.
ISCHJAGUET. JETZT LUEGS DOCH MAL ESO AA: KALORIE ZELE ISCH WIE BIM RÖSSURCE-MÄNÄTSCHMENT.
WI MEINSCH DAS? E DIÄET ISCH ESO WINES SCHTRATEGIE-SCHPIILI IN ÄCHTZIIT?
GENAUSO.
CHANI DÄNN GRAD D'BSCHIISS-CODES HAA?
NEI!

LUEG, ICH GANGE NÖD UF DIÄET UND DINI ANALOGIE ISCH HAFECHÄÄS.
OH. ISCH DAS SO.
I DE MEISCHTE ÄCHTZIIT-SCHTRATEGIESCHPIILI MUESCH RÖSSURCE MÄNÄTSCHE. DU BAUSCH UF DÄEM UUF. WO'D HÄSCH, SO EFFIZIÄNT WI MÖGLICH. DU REGISCHTRIERSCH, WAS D'HÄESCH, UND PLANSCH VORUUS UF DERE BASIS.
ALSO GSEESCH, IN VIELER HINSICHT ISCH ES GENAU WIE'NE DIÄET.
WÄENN'S GLIICH WÄER, WIE'NES ÄCHTZIIT-SCHPIILI, CHÖNNT ICH ES BÄCKÖP LADE MIT EM SCHTAND VO VOR ZÄH JAHR!
ICH HASSE DIÄETE. ICH BRUUCHE KEINI. ICH BIN SCHLIESSLICH EN GEEK. ICH BIN GANZ Z'FRIDE MIT MINERE LIECHTE RUNDLICHKEIT. SOWIESO, WAS HAN IICH VO GLÄNZIGE NEUE MUSKLE UND EME WÖSCHBRÄTTBUUCH?
SALI GREG.
PEARL.
ICH DÄNKE MAL, DE NÄCHSCHT MONET ODER SO GITS NU NO LUFT.
GIBS UUF ODER DU KRIEGSCH GAR KEI LUFT MEH.
WENN ICH SO RICHTIG KRASS WÜRD ABNÄEH, CHÖNNT ICH AM ÄND RICHTIG HEISS UUSG'GSEEH. UND VILICHT WÜRDED DÄNN FRAUE WIE D'PEARL TOTAL UF MICH SCHTAA.
ALLES WO'S BRUUCHTI, WÄERED ZWEE SCHTUND TRÄENING AM TAG. UND UUFPASSE, WAS ICH ISSE. UND DE LÄBESSCHTIIL VO GRUND UUF ÄNDERE.
OPERATION "DE GREGI BLIIBT EN FETTARSCH" - MARSCH!
CHNUSCHPER
BUSCHPER
CHNUSCHPER
CHIPS

SIE G'SEEHND JA US WIE DRÜÜ TAG RÄGEWÄTTER, MIRANDA.
ICH MUES SÄGE, ICH BIN SCHO CHLI HÄSSIG. ICH MEINE, WAS WÜRED SIE MACHE, WENN DE TUPP, WO SIE UF EN SCHTÖND, IN ÄNGER ZÄMENARBET MIT SONERE GUETUSSEHENDE ÜBERSCHLAMPE AMENE CHLIINE PERSÖNLICHE PROJÄKT WÜR SCHAFFE, UND DAS WÄRET DER ARBETSZIIT?
ICH GLAUBE, ICH WÜR GRAD ZUM A.J. GAH UND EN **USESCHMEISSE**.
ABER WIE WÜR DAS DENN MACHE, DASS ER **MICH** WAHRNIMMT?
SÜÜFZ ICH CHANS FASCHT NÖD GLAUBE, DASS DER A.J. I DER ARBETSZIIT AMENE PERSÖNLICHE PROJÄKT SCHAFFET. ICH GANGE BESSER EMAL MITEM GOGE REDE.
VILICHT ISCH EM EIFACH NÖD GANZ KLAR, DASS DAS, WONER MACHT, FALSCH ISCH. ER ISCH SONEN NETTE KAERLI. UND WENN IHM DAS NÖD KLAR ISCH, CHAN ER AU NÖD SCHULDIG SII. UND WENN ER NÖD SCHULDIG ISCH, WIE CHAN ICH EN DANN ENTLAAH?
A.J., HÄND SIE MAL E MIN...
WAS FÜRES PERSÖNLICHS PROJEKT?!
A.J., ES TUER MER SCHÜÜLI LEID, ABER DA CHAN ICH NÖD DRÜBER EWÄG LUEGE. WENN ICH DAS DURELAANE, SETZT DAS GANZ FALSCHI MASSCHTAB I DE FIRMA. ICH FÜRCHTE, ICH MUES SIE GAA LAH, BUEB...
ABER... WÄER KÜMMERET SICH DÄNN JETZT UM D'WEBSITE?
DÄEDA.
EN AFF?!
NEI, SIE HIRNI. EN ARBETSLOSE AOL-POPUP-DESIGNER!

DE A.J. ISCH ENTLAAH WORDE?
SCHO. SO WIE'S UFEM ARBETSMÄERT IM MOMÄNT UUSG'SEEHT, WIRD DAS NÖD LIECHT FÜR IHN. ICH WEISS SICHER, DASS ER SCHO VO DE HAND IS MUUL LÄBT.
UND ZU ALLEM HÄERE HAN I G'HÖÖRT, ER HEB LETSCHT WUCHE SCHO MÜEH G'HAA, SINI RÄCHNIG FÜRS ELEKTRISCH Z'ZALE.
OU.. ISCH ER NÖD EINE VO DENE, WO IMMER MIT LIECHT SCHLAFT?
TÖRF NÖD IISCHLAFE, SUSCHT FRISST MICH 'S MONSCHTER UNDEREM BETT... TÖRF NÖD IISCHLAFE, SUSCHT FRISST MICH 'S MONSCHTER UNDEREM BETT... TÖRF NÖD IISCHLAFE, SUSCHT FRISST MICH 'S MONSCHTER UNDEREM BETT...
ICH TÄNKE, ICH FANGE BESSER EMAL AA, EN JOB Z'SUECHE. MALE LUEGE...
CHÖMMER DIR HÄLFE?
JAAAH... ERWIN, CHÖNNTISCH DU MAL IM NETZ NACH JOBS SUECHE, WO MINE QUALIFIKATIONE ENTSCHPRÄCHED?
SICHER, KOLLEEG.
MACH DER EKEI SORGE, A.J. DER ERWIN ISCH ESO GUET, DÄE FINDET ÄCHT DIE ALLEROBSKURSCHTE SACHE IM NETZ!
HE!
DA ISCH ÖPPIS. TEMPOSCHWELLE G'SUECHT FÜR EN AUTO-SCHALTER. GUETE LOHN. KEI UNFALLVERSICHERIG.
HE!!!
DAS ISCH ESO FRUSCHTRIEREND. DA HÄTS JOBS FÜR BUECHHALTER, VERCHÄUFER, SANITÄERE. ES HÄT SOGAR EINE FÜR EN "KAMPFBOTANIKER". ABER FÜR EINE WIE MICH HÄT'S NÜÜT.
BLAME CANADIA
TUET MER LEID, KOLLEEG. ICH HAN ÜBERALL G'SUECHT. FÜR "WEBDESIGNER" CHUNNT EIFACH NÜÜT ZRUGG.
BLAME CANADIA
ES MUES DOCH IRGENDWO DEET USSE **IRGEND** EN ARBET FÜR WEBDESIGNER GÄEH.
ICH GLAUBE, HÜTZ'TAG SEIT ME DENE N'EIFACH "CHLIICHIND".
TATSÄCHLICH! ICH HAN EINE G'FUNDE! "CHLIICHIND G'SUECHT ALS G'SELLSCHAFTER FÜR SENIORE UND ZUM D'WEBSITE UNDERHALTE"
BLAME CANADIA

GUETE TAG. DA ISCH DE A.J. GARRETT. JA, ICH HAN IHNE MINI UNDERLAGE G'MAILT FÜR DE JOB ALS MAIL-ADMINISCH-TRATOR, UND ICH HAN NUME WELE WÜSSE, ÖB SIE DIE ÜBERCHOO HÄND.
AHA. ALLES KLAR. TANKE N'EINEWÄG.
ICH DE JOB SCHO WÄG?
NEI. SI HÄND EN NUR UUSG'SCHRIBE, WIL'S NÖD G'WÜSST HÄND, WIE'S SÖLLED IHRI E-MAILS ABELADE.
DE A.J. PROBIERTS MITERE N'ARBETSVERMITTLIG
DAS ISCH JA EN RÄCHTE LÄBESLAUF, WO SIE DA HÄND, A.J. NETZKÄNNTNIS. DESIGN-ERFAHRIG. UND SIE SCHRIIBED GUET. UNGLÜCKLICHERWIIS VERLANGT ÖISE CHUND 4 JAHR ERFAHRIG UF WINDOWS XP.
ÄEH, WINDOWS XP ISCH DOCH ERSCHT SIT 1 JAHR DUSSE.
ICH TÄNKE, SIE CHÖMED AM BESCHTE IN 3 JAHR NAMAL VERBII.
UND SIE GLAUBED NÖD, DASS IHRE CHUND BIS DÄNN 7 JAHR XP-ERFAHRIG VERLANGT?
SALI, QUINCE. DA ISCH D'KELLY, VO DE SOYLENT-CHOPFJEGER. BI MIR SITZT JETZT GRAD EN KANDIDAT, WO WIE G'MACHT ISCH FÜR ÖII AAFORDERIGE.
...KEI AHNIG. ICH FRÖEG EN MAL. CHLINE MOMÄNT...
A.J., IN IHREM LÄBESLAUF SCHTAAHT, SIE KÄNNED MICROSOFT OFFICE. AU NA ANDERI MICROSOFT-PRODUKT?
ÄEH, NEI. NUME DAS, WAS DA SCHTAAHT.
QUINCE? NEI, TUET MER LEID. WORD KÄNNT ER NÖD.
OU... ASO FÜR DICH FALLED MER SCHO ALLERHAND WÖRTLI II.

AU WENN SIE DA ALLERHAND AAZ‘BÜÜTE HÄND, ICH MUES ES IHNE N‘EHRLICH SÄGE. ES ISCH EIFACH EKEI GROSSI NACHFRAG NACH WEB-LÜÜT IN LETSCHTER ZIIT...
LUEGEDSI, ES **MUES** EIFACH ARBET GÄEH FÜR MICH DET USSE. ICH NAGE SCHO A MIM LETSCHTE PACK HÖRNLI!
ASO, EIGENTLICH GITS SCHO N‘E FIRMA, WO LÜÜT MIT WEB-ERFAHRIG IISCHTELLT.
GUET! ICH NIME‘S! ICH NIME N‘**ALLES!**
AOL banner design labs
HÄNDER EKEI AFFE MEH G‘FUNDE?
NÜT. DÄE ISCH BILLIGER.
AOL banner
KOLLEEG! WILLKOME BIM GROSSE A!
ICH SÄGE JETZT EMAL MERCI. BI NANIG SICHER, ÖB ICH ÜBERHAUPT DEBII SI MÖCHT.
SO? WERUM NÖD?
ICH BIN NÖD WÜRKLICH EN FRÜND VO DE MULTINATIONALE G‘SELLSCHAFTE.
DAS BIN ICH FRÜENER AU NÖD G‘SII. ABER LUEG EMAL, WAS DIE I DE WUCHE ABTRUCKED.
HEILIGE...
DA ISCH NÜÜT HEILIGS DEBII. ABER ES GIT HALT KEI LIECHT OHNI SCHATTE.
DU VERDIENSCH ÄCHT DE GANZI CHOLE ALS BANNER-DESIGNER?
TAMI NEI. KENNSCH DI GANZE NÖIE FORMAT UFEM NETZ? POP-UNDERS, UNTERBRÄCHER UND DAS GANZI ZÜÜG?
SCHO.
ICH BIN DÄE, WO DAS ALLES ERFINDET. KUUL, ODER?
HA, SCHO WIDER ES LEUGELI, WO MICH AABÄTTET.
DÄE HETTED MER VERWÜTSCHT...!

HOI. HÄSCH G'WÜSST? AM FRIITIG ISCH SYSCHTEM-ADMINISCHTRATORE-EHRETAG!
ABER... DASCH DE 26. JULI.
SO ISCHES. UND?
DAS PASST IRGENDWIE NÖD.
WAS MEINSCH MIT "PASST IRGENDWIE NÖD"? WAS WÜRSCH DENN "PASSENDER" FINDE?
DE CHÜRZISCHT TAG IM JAHR WÄER DOCH EN AAFANG.
GUETE TAG. ICH BIN EN SYSCHTEM-ADMINISCHTRATOR. UND MORN SÖLL ÖISE EHRETAG SII. WENN ICH ASO EN WUNSCH ÜSSERE TÖRFTI...
DE VERCHAUF WÜRDI NIE MEH VERSCHPRÄCHIGE MACHE, WOMER NÖD IIHALTE CHAN.
D'GSCHÄFTSLEITIG WÜRD ALI AALAGE CHAUFE, WO N'ICH CHAN BRUUCHE, UND NÖD DIE, WO'S IM UUSVERCHAUF FINDED.
D'PROGRAMMIERER WÜRDED ÖPPENEMAL ZUGÄEH, DASS ES IRES PROGRAMM ISCH, WO DE FÄEHLER HÄT, UND NÖD DE SERVER.
ABER WAS WÜRKLICH GANZ TOLL WÄER, DAS WÄER ECHLI MEH ANERCHÄNIG. EIMAL IM JAHR LANGET EIFACH NÖD.
SOZIALHILF WIRD ALLE ZWEE WUCHE UUSZALT. WÄERI DAS GNUEG FÜR SIE?
WÄER ISCH DÄE TÜPP?
DASCH DE TING KUAN. DE NÖI PRAKTIKANT.
FALLT ECHLI UUF, FINDSCH NÖD?
SCHO. ISCH NO SCHWIRIG, DIE UNDERSCHIIDE NÖD Z'GSEE.
DAS MEINI EBE. WÄER TREIT SCHO ES 'GLETTETS HÄMP IMENE MASCHINERUUM?
'S MÜESST'S EM EINE SÄGE...

HOI. ICH BIN DE GREG, DE SUPPORT-TÜPP.
HOI! FREUT MI. ICH BIN DE KUAN.
WIE BISCH DU DRUUF CHOO, DICH FÜR ES PRAKTIKUM BI ÖIS Z'BEWÄERBE?
DUU... IHR HÄND HALT EN GUETE RUEF, FÜR UUS-GEZEICHNETI TECHNISCHI LEISCHTIGE.
UND USSERTDÄEM ZALE-DER EN SCHTUTZ MEH ALS DE MINDESCHTLOHN.
WILLKOME'N AN BORD.

HE, STEF, DASCH DE TING KUAN! ÄER ISCH ÖISE NEU SYSADMIN-PRAKTIKANT!
HAL-LO - IICH STEFF.
ISCH DÄE ZRUGGBLIBE?
MIIR ALI FINDED SCHOO...

DU LÖÖLI. WERUM HÄSCH MER NÖD **G'SEIT**, DASS DÄE TÜÜTSCH CHAN?!
WISOO HÄSCH DENN DU GMEINT, ER CHÖNN'S NÖD?
DUUU - ÄEH - WEISCH, WIL, ER ISCH, WISÖLISÄGE, EN ASIAAT!
AAH.
UND WISOO SEISCH DÄNN, "HE, RIISCHÖRNDLI, WOTSCH ECHLI FLEISCH DEZUE", WENN'D AN ES PAAR ASIATINE VERBIILAUFSCH?
WARTEMAL, CHÖND DIE **AU** ALLI TÜÜTSCH?!?

HOI. ICH BIN DE KUAN. DE NEUI PRAKTIKANT.
MIRANDA. UND, JA, ICH BIN E SISCHTEEM-ADMINISCHTRATORIN.
NEI, ICH MEINE WÜRKLI. ICH CHAN AU SÄLBER PROGRAMMIERE.
ALLES KLAR. SO ÖPPIS HETT I AU TÄNKT.
SCHOGUET.
NUR, WIL ICH WIIBLICH BIN, HEISST DAS NÖD, DASS ICH NÖD E GROSSARTIGI TECHNOLOGIN CHAN SII!
HOPPLA. IISI, "TUSNELDA".
ASO DAS MACHT DICH NÖD KONFUS, DASS ICH EN UUS'BILDETI TECHNOLOGIN BIN UND DOCH KÄN MAA?
WISOO SÖTTIS DAS?
FEIN. DAS ISCH JA MAL WÜRKLI ERFRÜSCHEND. CHAN ICH DICH NACH EM SCHAFFE ZUMENE BIER IILADE ALS ANERCHÄNNIG?
NEI MERCI. ICH GANGE NÖD MIT FRAUE'N UUS, WO CHÖNNTED MINI MUETER SII.

DÄE SCHNUDERBUEB HÄT - WAS?
ER HÄT TÄNKT, ICH WEL EN ABSCHLEPPE!
HÄSCH NÖD WELE?
NEI! ICH CHA MIR GARNÖED VORSCHTELE, WAS IM DÄE IIDRUCK HETT CHÖNE GAEH!
CHASCH NÖD?
NEI! UND, NO SCHLIMMER, ER TÄNKT, ICH SEG SO ALT WI SIS MAMI!
BISCH NÖD...

A.J., ISCH DER SCHO MAL IN SINN CHOO, DASS ES VILICHT CHÖNNTI SII, EIFACH NUR VILICHT, DASS WENN DU NUME N'EN **ZÄHTEL** VO DER UUFMERKSAMKEIT, WO DU FÜR'D SCHPIILI UUFBRINGSCH, AU EMAL DE FRAUE WIDME WÜRSCH, DASS DU DÄNN GARAMÄND EN Z'FRIDNERE MÄNSCH WÄERSCH?!
MUNCHKIN
MUNCHKIN
ABER ICH WIDME DE FRAUE DOCH UUFMERKSAMKEIT. JEENSCHTI!
ICH REDE'N ABER JETZT NÖD VO DENE US DE JPEG-ABTEILIG!!
WAS ISCH DÄENN JETZT SCHO WIDER?
ASO, A.J., ICH MÖCHT' DER ÖPPIS WICHTIGS MITTEILE...
WEISCH DENN DU NÖD, DASS NO NE GANZI WÄLT NÄBET DINE COMPUTERSCHPIILI EXISCHTIERT? E **REALI** WÄLT, WO ERFÜLLIG UND GLÜCK UF DICH WARTET?
ABER ICH **BIN** DOCH SCHO GLÜCKLICH UND ERFÜLLT...
NEI! BISCH ÜBERHAUPT NÖD!
JEDI WETT, DE GORDON FREEMAN HÄT SICH NIE MIT DÄERART ABNORMEM MATERIAL MÜESSE N'UMESCHLAA.
HEY, HÄSCH DÄE EXTREMWÄERT VO N'ÖISEM DATEVERCHEEHR GSEEH HÜT AM MORGE?
SCHO. WAS ISCH GSII?
EM A.J. SIN BLOG ISCH VONERE GROSSE BLOG-SIITE BESCHPROCHE WORDE.
DE A.J. HÄT EN BLOG?
SCHO. LUEG EMAL!
"WI SO VILI ANDERI I MINERE LAAG HAN ICH ÖPPEDIE PROBLEEM MIT DE GRÄNZE ZWÜSCHET FANTASIE UND REALITÄT. SCHPIILI UND EM WAAHRE LÄBE, FLEISCH UND BLUET UND DE PIXEL. UND GESCHTERT ISCH SO'N EN TAG GSII, WO MICH NO VIL WIITER I DAS DILEMMA TRIBE HÄT."
"PLÖTZLICH ISCH SI DAA GSII. Ä LÄDERGÖTTIN VO PHOBOS. HÄT MER IS OHR GFLÜSCHTERET. MER ZUEG'REDT, JETZT MINI HÄND UUSZ'SCHTRECKE. MICH WELE VERLEITE, "LUST" I'D BEFÄEHLSZIILE Z'TÖGGELE..."
TANKE, DAS LANGET, ICH CHAN SEHR GUET SÄLBER LÄSE!!

GUETE TAG. ICH HAN ES PROBLEEM. MIN NAME ISCH ULF FLURZLING.
TUET MER LEID. ABER DA CHAN ICH IHNE N'AU NÖD HÄLFE.
ASO, JEDEFALLS, ME HÄT MIR G'SEIT, MIS PROBLEEM SEG EN "IQ-KONFLIKT".
DERE MEINIG CHAN ICH MICH AASCHLÜSSE.
DI GANZI RÄSCHT-WÄLT MUES LIIDE, WENN D'GEEKS EMAL E GUETI LUUNE HÄND.
UND WAS FÜR EN COMPUTER HÄND SIE DEETE?
EN MAC.
WAS FÜR EN MAC?
EN "INTOSH", TUBEL. WAS DENN SUSCHT?
OU, LÄCK. JETZT WEISS ICH ÄCHT NÜME WAS SÄGE.
GSEEHSCH, DORIS? ICH HAN DER DOCH G'SEIT, ICH WEISS MEH ÜBER COMPUTER ALS DIE INTERNET-CHEIBE.
KLICKEDSI UF "IISCHTELIGE", DÄNN "KONTROLLEISCHTE", DÄNN 'S ICON "PROGRAMM ENTFÄERNE/DEZUETUE".
ÄEH....
DÄNN WÄEHLEDSI 'S PROGRAMM, WO SIE WÄND DEINSCHTALIERE, US DE LISCHTE, MIT EM SCROLLBALKE UF DE RÄCHTE SIITE. DÄNN UF DE "ENTFÄRNE/DEZUETUE"-CHNOPF KLICKE, UND FERTIG. ISCH BUBILIECHT.
UGGA UGGA BUGGA!
ÄEH... WIE BITTE?
HAHAHAHA! SO, JETZT G'SEEHSCH **DU** EMAL, WIE DAS ISCH!

SALI ZÄME. DA ISCH EUE'N ILLIAD MIT ERE CHURZE MITTEILIG. TÄNKED DRAA, 'S GÄLD FÜR EURI LINUX-LIZÄNZE A D'S.C.O Z'SCHICKE...
KAWUMM!
ICH WEISS, DASS HÜT 1. APRIL ISCH, ILLIAD. ABER FÜR D'S.C.O. PARTEI Z'ERGRIIFFE, AU ALS GSCHPASS, DASCH EIFACH NÖD LUSCHTIG.
WARTMAL, ER ZIEHT DE SACK AB.
DAS ISCH GAR NÖD DE ILLIAD! DU HÄSCH GRAD EM **DARL MCBRIDE** EIS ÜBER D'BIRE BRATE!
FEIN. DAS **ISCH** JETZT NÄMLICH LUSCHTIG!
OOUUHHH

EINE VO DE GROOSSE ALTE! SCHO SIT ÄEONE HAN ICH EKÄS ESO MÄCHTIGS OPFER WIE DÄE MEH CHÖNE VERFOLGE. DA BRUUCH ICH SCHO EN RÄCHT VOORSICHTIGE ZUEGANG, WENN ICH DA SÖLL ERFOLG HA.
ICH BIN SINI SUCHT. SIS AMBROSIA. SIN TROOSCHT UND SINI FRÖID. UND ICH WIRDE IM MIS LÄBESELIXIER OFFERIERE, UF DASS ER EN TÜÜFFE SCHLUCK NÄEM...
SO LUEGED EN AA. D'AUGE WIIT UUFG'RISSE. ERSCHROCKE. ABER FASZINIERT. E BÖÖSI GOTTHEIT FÜRCHTET MIICH!
VERDAMMT. DAS SIND ABER ES PAAR AAMÄCHELIGI TENTAKLE!
Cola

ÄXGÜSI, ABER DAS SIND KEI TENTAKEL. DAS SIND RÖÖHRLI. UND DUR DIE RÖÖHRLI CHASCH ES CHÜELMITTEL FÜR DIN VERFIEBERETE GEISCHT SUUGE.
AHA.
JAWOLL. ALSO SUUFF, WAS 'S HÄERZ BEGEEHRT. ICH BIN DA GANZ SÄLBSCHTLOS.
BLAAS!
JAAARRRRRRRRRGG!
BLÖÖTERLIWASSER I D'NASE ISCH ABER FIES, PURSCHT!.
SCHO. ABER WER ISCH IMMER NA DE SIBESIECH?!
Cola

HOI GREG. DU MACHSCH JETZT D'NACHTSCHICHT?
JA. AM TAG SCHAFF ICH IM TANKSCHTELESCHOP.
TANKSCHTELESCHOP, ÄCHT? UND ICH HAN IMMER TÄNKT, DU SEGSCH EINE VO DAENE, WO NIEMALS ÖPPIS WÜRD MACHE, WO NÖD MIT TECHNIK Z'TUE HÄT.
ICH VECHAUFE SCHLIESS-LICH CHIPS, DEETE!
ICH HASSE MIS LÄBE. ICH MACHE DI LANGWIILIGSCHTI SCHICHT I MIM TECH-JOB UND ICH VERCHAUFE ALLTAGSGÜETER I MIM ANDERE JOB. BÄEH.
DAS MUES ES ÄND HAA. ICH BIN ENTSCHLOSSE. ICH BRUUCH 'EN ABWÄCHSLIG. ICH WÄCHSLE AN EN ORT, WO MINI ZUEKUNFTSPERSCH-PEKTIVE BESSER SIND. WO'N ICH WIDER 'S G'FÜÜHL HAN, MIN EIGENE HERR Z'SII.
WILLKOME BI ULTIMA ONLINE. WAS DÖFED MIR FÜR SIE UUS-FÜEHRE, HERR UND MEISCHTER?
D'PUURE UNDERWÄER-FE UND UUSBÜÜTE.
EBE, SO ISCH BESSER! ES ANDERS LÄBE IM ULTI-MA ONLINE UNIVERSUM. ES UNBEKANNTS, UUF-REGENDS NÖIS LÄBE.
AVE, GUETE MAA!
UND DA CHUNNT SCHO EN MITSCHPIILER. CHUM NUME UND MACH MIT BIM ABSCHLIICHE US ÖISNE PROLO-EXISCHTÄNZE IN ÖISI TRAUMG'SCHTALTE...
SÄLBER AVE. WAS CHAN ICH FÜR DE HERR TUE?
VERCHAUFED'S MER EN LAIB VO IREM FEINE BROOT, WENN SI WÄND SO GUET SII!
ABER KLAR! EIN LAIB BROOT, MACHT NUME VIER GOLDSCHTUCK UND...
* DU HÄSCH GRAD DIM CHUND 'S WALL-HOLZ ÜBER DE GRIND 'ZOGE. *
JAWOLL!

DASCH JETZT NÖD ESO NETT VO MIR G'SII. DÄE SCHPIILER HÄT VILICHT NUME'N ECHLI LIECHTI UNDERHALTIG G'SUECHT, UND ICH GANGE'N EIFACH UND BRINGE SINI FIGUR UM.
IRI BEFEHL, MEISCHTER?
D'LIICHE WIRD G'FLEDDERET, MEISCHTER.
TAP
TIP
TAPPY
TAP
GEMEIN SII GHEISST, MER CHAN JEDE TAG WIENACHT FIIRE.

HOI, GREG!
A.J.! WAS MACHSCH DU DENN NO SO SCHPAAT DA?
OH, ICH SCHPIILE NUR NOCHLI ULTIMA ONLINE...
ISCH DAS SO.
UND RATEMAL, WAS MER GRAD PASSIERT ISCH! ICH HAN VESU-ECHT, ES BROOT Z'CHAUFE IM SCHPIIL, UND DE BECK HÄT MER MIT SIM WALLHOLZ EIS AN GRIND G'GÄEH!
WI FIES! CHAN ICH DER IRGENDWIE HÄLFE?
SCHO. DU WEISCH NÖD ZUEFELIG, WÄER "MEI-SCHTER GREG, DÄE WO D'LUUSER 'S FÜRCHTE LEEHRT" CHÖNNTI SII?

'S SCHPIILI ISCH FERTIG. MIR HÄND ASO DÄE ZWÄERGCHRALLENAFF, WO ZU DE TONEFFÄKTE VOM WILL WHEATON UMEHÜPFT. UND EN VERWALTIGSRATS-VORSITZENDE ALS BÖSEWICHT. DAS WIRD EN KLASSIKER!
WAS ISCH DENN D'GSCHICHT?
WISOO MUESES E G'SCHICHT HAA?
JETZT SEISCH DÄNN GRAD IRGEND-ÖPPIS IRONISCHES VO WÄGE "DÄE COMIC HÄT AU EKEI RÄCHTI G'SCHICHT. WISOO SÖTT ASO MIS SCHPIILI EINI HA", GÄLL?
NÜT ESO. ABER ICH HETTS MER JA CHÖNE TÄNKE, DASS DU ESO BLÖD BISCH, ÖPPIS SETTIGS Z'SÄGE, WENN DE ILLIAD ZULUEGET.
OUUU!

HOI. WO ISCH DENN DE SCHTEFF HÜT?
DU, DIE HÄND SIN VERTRAG G'ÄNDERET UND EN NÖI-MET ANDERSCH IIG'SETZT.
WAS?!
ER HÄT GESCHTERT ÖPPIS USELAAH, WONER NÖD HETT SÖLE, UND DE ILLIAD HÄT'S G'HÖÖRT.
OU.
DAS ISCH ESO DENÄBE.
ASO LOS, DU HOLZCHOPF! DÄE FUESS-BALL WARTET NÜME N'EWIG!!

Kontaktieren Sie uns

Besuchen Sie uns auf unserer Website

http://www.oreilly.de/

- Ankündigungen von Neuerscheinungen
- Gesamtkatalog der englischen und deutschen Titel
- Probekapitel und Inhaltsverzeichnisse unserer Bücher

Tragen Sie sich in unsere Mailingliste ein

Wenn Sie automatisch per E-Mail über Neuerscheinungen informiert werden möchten, abonnieren Sie unseren NewsLetter.

Füllen Sie einfach das entsprechende Formular auf unserem Webserver aus:

- *http://www.oreilly.de/oreilly/majordomo.form.html*

Oder schicken Sie eine E-Mail an:

- *majordomo@oreilly.de*

Setzen Sie die folgende Information in die erste Zeile Ihrer Nachricht (nicht in die Subject-Zeile):

- für Informationen über neue englische Titel:
  subscribe ora-news + Ihre E-Mail-Adresse
- für Informationen über neue deutsche Titel:
  subscribe oreilly-aktuell + Ihre E-Mail-Adresse

Bestellen Sie unseren gedruckten Katalog

- über unseren Webserver:
  http://www.oreilly.de/oreilly/katalog.html
- oder per Post, telefonisch oder per Fax

Beziehen Sie die Beispiele aus unseren Büchern online

- mit Ihrem Webbrowser über:
  http://examples.oreilly.de
- oder per ftp an:
  ftp.oreilly.de
  (login: *anonymous*; password: Ihre E-Mail-Adresse)

Treten Sie mit uns per E-Mail in Kontakt

- *anfragen@oreilly.de*
  für generelle Anfragen und Informationen
- *order@oreilly.de*
  für Bestellungen
- *kommentar@oreilly.de*
  für Anmerkungen zu unseren Büchern
- *proposals@oreilly.de*
  um Manuskripte und Buchvorschläge an uns zu senden
- *presse@oreilly.de*
  für Journalisten, die mehr über uns oder unsere Bücher erfahren möchten

O'Reilly Verlag GmbH & Co. KG
Balthasarstraße 81, 50670 Köln

Tel. 49 (0)221/973160-0 • (9 bis 18 Uhr)
Fax 49 (0)221/973160-8

O'REILLY®

Macintosh

Mac OS X Panther: Missing Manual

David Pogue
884 Seiten, 2004, 39,- €
ISBN 3-89721-374-5

Apple legt mit Mac OS X 10.3 (Codename Panther) schon wieder nach und Kultautor David Pogue liefert das fehlende Handbuch dazu. Von der genauen Beschreibung der zahlreichen neuen Technologien bis hin zu einer Einführung in den Unix-Motor des neuen Mac finden bekehrte Umsteiger wie auch alte Mac-Hasen alles, was sie über Panther wissen müssen.

Mac OS X Panther konfigurieren und administrieren

James Duncan Davidson
344 Seiten, 2004, 36,-€
ISBN 3-89721-379-6

Ergänzend und vertiefend zum breiter angelegten und auch für Mac-Neulinge verständlichen *Missing Manual* gibt es nun auch ein Handbuch, das sich an technisch versiertere User wendet. Sachlich, gut strukturiert und verständlich beschreibt der Autor, wie Mac OS X funktioniert, und zeigt, mit welchen Tools das System optimal eingerichtet und verwaltet werden kann. Wer also wissbegierig und souverän genug ist, tief in sein Macintosh-System einzutauchen und dessen Funktionsweise freizulegen, ist mit diesem Buch bestens bedient und wird seinen »Panther« schnell zum Schnurren bringen.

Einführung in Unix für Mac OS X Panther

Dave Taylor & Brian Jepson
200 Seiten, 2004, 18,- €
ISBN 3-89721-378-8

Einführung in Unix für Mac OS X Panther erleichtert Mac-Anwendern den Schritt von der ansprechenden und intuitiven Benutzeroberfläche zur kargen Unix-Kommandozeile und zeigt ihnen, wie sie das Beste aus beiden Welten haben können. Nach der Konfiguration des Terminals und der Shell geht es von den grundlegenden Aufgaben und Unix-Befehlen bis hin zu Pipes, Filtern u.ä.

Mac OS X Panther – kurz & gut

Chuck Toporek
176 Seiten, 2004, 9,90 €
ISBN 3-89721-276-6

Mac OS X – kurz & gut behandelt ganz kompakt die wichtigsten Systemwerkzeuge, zeigt praktische Tipps und Tricks für alltägliche Aufgaben und enthält eine Einführung in die meistgenutzten Unix-Befehle. Diese Ausgabe behandelt Mac OS X 10.3 (Panther) und ist komplett aktualisiert worden.

Mac OS X Hacks

Rael Dornfest & Kevin Hemenway
476 Seiten, 2003, 32,- €
ISBN 3-89721-363-X

Mac OS X ist gewissermassen Ketzerei: ein Macintosh mit einer Kommandozeile! In diesem Buch zeigen Unix-Gurus Lösungen für all die Aufgaben, mit denen man sich auf einem Unix-Desktop beschäftigen kann: Web, Mail und FTP, SSH, Perl und Shell-Scripting, Kompilieren und Konfigurieren, Prozesskontrolle und Netzwerke. Dazu kommen die Kniffe eingefleischter Mac-Profis zu unerlässlicher Software, Hardware, AppleScript, AppleTalk und vielem mehr.

iPod & iTunes: The Missing Manual, 2nd Edition

J. D. Biersdorfer
352 Seiten, 2004, 24,- €
ISBN 0-596-00658-6

iTunes and the iTunes music store aren't just for Mac fans anymore. Anyone running Windows XP or 2000 can now cash in on all the capabilities of this music store jukebox. Our new version of *iPod & iTunes: The Missing Manual* has been thoroughly updated to reflect these changes. No matter what kind of music moves you, this book will help you get much more out of your iPod – and much more into it.

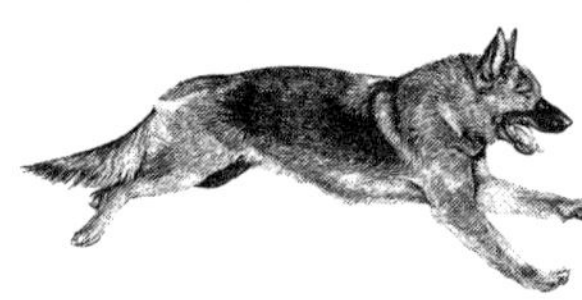

Weitere Informationen zu unserem Macintosh-Programm finden Sie unter:
www.oreilly.de/mac

O'REILLY®

anfragen@oreilly.de • http://www.oreilly.de • +49 (0)221-97 31 60-0

Linux

Linux in a Nutshell, 3. Auflage

Ellen Siever, Stephen Spainhour, Stephen Figgins & Jessica P. Hekman
842 Seiten, 2001, 36,- €
ISBN 3-89721-195-5

Linux in a Nutshell ist *das* Nachschlagewerk für Benutzer, Programmierer und Systemadministratoren und beschreibt alle wichtigen Befehle, die in den verbreitetsten Linux-Distributionen enthalten sind.

Sichere Server mit Linux

Michael D. Bauer
512 Seiten, 2003, 44,- €
ISBN 3-89721-139-4

Sichere Server mit Linux erklärt die Prinzipien verlässlicher Systeme und der Netzwerksicherheit, zeigt typische Risiken auf, gibt praktische Tips für gängige Sicherungsaufgaben und kombiniert das mit profunden und detaillierten Beschreibungen der technischen Werkzeuge, die für einen bestimmten Einsatz empfohlen werden.

Linux Server Hacks

100 Insider-Tricks & Tools
Rob Flickenger
272 Seiten, 2003, 26,- €
ISBN 3-89721-361-3

Linux Server Hacks ist eine Sammlung von 100 thematisch sortierten Tricks und Tools, die dabei helfen, vertrackte Probleme der Linux-Systemadministration zu lösen. Alle Hacks stammen von Experten, lassen sich in wenigen Minuten lesen – und sparen Stunden mühevoller Arbeit.

SSH – kurz & gut

Sven Riedel, 156 Seiten, 2004, 9,90 €
ISBN 3-89721-269-2

Das Netzprotokoll SSH (Secure Shell) ist eine verbreitete, robuste, zuverlässige und kostengünstige Lösung für zahlreiche Probleme der Netzwerksicherheit. *SSH – kurz & gut* ist eine kompakte Referenz zur Verwendung und Konfiguration der SSH-Clients und -Server. Behandelt werden u.a. auch die Schlüsselverwaltung, Port-Forwarding und verschiedene Authentifizierungsmethoden.

Linux – Wegweiser zur Installation und Konfiguration, 4. Auflage

Matt Welsh, Matthias Kalle Dalheimer, Terry Dawson & Lar Kaufman
774 Seiten, 2003, 42,- €
ISBN 3-89721-353-2

Dieser Wegweiser erklärt Ihnen alles, was Sie wissen müssen, um Linux zu verstehen, es zu installieren und um damit arbeiten zu können. Neben einer umfassenden Installationsanleitung enthält das Buch u.a. eine Einführung in Unix, Hinweise zur System- und Netzwerkverwaltung, einen Überblick über X Windows sowie Informationen zu Samba, Programmierwerkzeugen und Sicherheitsfragen.

Linux-Firewalls – Ein praktischer Einstieg

Andreas Lessig
566 Seiten, 2003, 38,- €
ISBN 3-89721-357-5

Linux-Firewalls – Ein praktischer Einstieg hilft Ihnen, die für Sie geeignete Firewall-Lösung zu finden und Schritt für Schritt zu realisieren: Ob Sie nun Ihre privaten Computer zu Hause oder das lokale Netz Ihrer Firma und Ihren Webserver schützen wollen.

Linux-Sicherheits-Kochbuch

Daniel J. Barrett, Richard E. Silverman & Robert G. Byrnes
364 Seiten, 2004, 38,- €
ISBN 3-89721-364-8

Dieses Kochbuch bietet Linux-System- und Netzwerkadministratoren jede Menge praktischer und leicht nachvollziehbarer Rezepte mit Lösungen und Code für alltäglich anfallende Sicherheitsaufgaben. Dabei werden u.a. Themen behandelt wie das Verschlüsseln von E-Mail mit Emacs, Zugangsbeschränkungen für Netzwerkdienste, der Aufbau einer Firewall usw.

Linux – kurz & gut

Daniel J. Barrett, ca. 208 Seiten, 2004, 9,90 €
3-89721-501-2

Eine praktische, anwenderorientierte Kurzreferenz, die auf engstem Raum alle wichtigen Konzepte, Befehle und Optionen vorstellt. Die Referenz ist auf SUSE 9 zugeschnitten, lässt sich aber im Wesentlichen auf alle gängigen Linux-Distributionen übertragen.

Netzwerk-Administration

Postfix

Kyle D. Dent
294 Seiten, 2004, 34,- €
ISBN 3-89721-372-9

Der Autor dieses Buches führt den Anwender mit detaillierten Erläuterungen und vielen praktischen Beispielen von der Basiskonfiguration bis hin zur vollen Leistungsfähigkeit von Postfix. Es beschreibt außerdem die Postfix-Schnittstellen verschiedener Tools wie POP, IMAP, LDAP, MySQL, SASL und TLS. Postfix wurde vom bekannten Sicherheitsexperten Wietse Venema entwickelt, der dieses Buch während des gesamten Entwicklungsprozesses intensiv betreut hat.

UNIX System-Administration, 2. Auflage

Æleen Frisch
1248 Seiten, gebunden, 2003, 50,- €
ISBN 3-89721-347-8

Die komplett überarbeitete neue Auflage dieses Unix-Klassikers beschäftigt sich mit allen Facetten der Systemadministration. Behandelt werden sowohl allgemeine Konzepte und Prinzipien als auch Befehle, Prozeduren und Methoden, die für einen zuverlässigen Systembetrieb unverzichtbar sind. Berücksichtigt sind alle wichtigen Unix-Plattformen, darunter Solaris 8 und 9, SuSE Linux 8 und Red Hat Linux 7.3, FreeBSD 4.6, HP-UX 11 und 11i, AIX 5 und Tru64 5.1.

TCP/IP Netzwerk-Administration, 3. Auflage

Craig Hunt
792 Seiten, 2003, 46,- €
ISBN 3-89721-179-3

Dieses Standardwerk ist eine komplette Anleitung zur Einrichtung und Verwaltung von TCP/IP-Netzwerken. Nach ihrem Aufbau und ihrer Funktionsweise werden fortgeschrittene Themen wie die Konfiguration der wichtigen Netzwerkdienste, Troubleshooting und Sicherheit behandelt. Die neue Auflage ist komplett aktualisiert und um Informationen zu Samba, Apache, Bind 8 und 9 erweitert.

DNS und BIND, 3. Auflage

Übersetzung der 4. engl. Auflage
Paul Albitz & Cricket Liu
668 Seiten, 2002, 46,- €
ISBN 3-89721-290-0

DNS und BIND gibt einen Einblick in die Entstehungsgeschichte des DNS und erklärt dessen Funktion und Organisation. Außerdem werden die Installation von BIND (für die Versionen 9 und 8) und alle für diese Software relevanten Themen wie Parenting (Erzeugen von Sub-Domains) oder Debugging behandelt.

sendmail Kochbuch

Craig Hunt, 442 Seiten, 2004, 42,- €
ISBN 3-89721-373-7

Gibt Administratoren, die schnell bestimmte Konfigurationsprobleme lösen müssen, leicht nachvollziehbare Schritt-für-Schritt-Anleitungen an die Hand. Die jeweiligen Konfigurationsaufgaben und ihre Lösungen können gezielt nachgeschlagen werden, ohne dass man sich durch unzählige Seiten von Dokumentationen kämpfen muss. Die Rezepte behandeln dabei u.a. folgende sendmail-Funktionen: Auslieferung und Weiterleitung von Mails, Relaying, Masquerading, Routing von Mails, Kontrolle von Spam, Starke Authentifizierung, Sicherung des Mail-Transports, Verwaltung der Warteschlange und Sicherung von sendmail.

Samba, 2. Auflage

Jay Ts, R. Eckstein & D. Collier-Brown
592 Seiten, 2003, 42,- €
ISBN 3-89721-359-1

In der überarbeiteten Neuauflage behandelt *Samba* die Themen Konfiguration, Performance, Sicherheit, Protokollierung und Fehlerbehebung und erläutert sie an zahlreichen Beispielen. Diese maßgebliche Dokumentation, die vom Samba-Entwicklerteam offiziell anerkannt wurde, berücksichtigt Samba 2.2 und die wichtigsten Features von Samba 3.0.

DNS & BIND Kochbuch

Cricket Liu
256 Seiten, 2003, 34,- €
ISBN 3-89721-352-4

Das *DNS & BIND Kochbuch* ist ein Ergänzungsband zu *DNS und BIND, 3. Auflage*. Während das Standardwerk *DNS und BIND* detailliert die DNS-Theorie und BIND-Konfiguration erklärt, bietet das Kochbuch eine Vielzahl von Rezepten, die praktische Lösungen für die im Alltag auftretenden Probleme bei der Nameserver-Administration beschreiben.

Active Directory, 2. Auflage

Robbie Allen & Alistair G. Lowe-Norris
726 Seiten, 2004, 48,- €
ISBN 3-89721-173-4

Das Active Directory wurde mit dem Release vom Windows Server 2003 um über 100 neue Features erweitert. Die aktualisierte 2. Auflage von *Active Directory* beschreibt diese zahlreichen Änderungen und liefert eine Fülle technischer Details zur Neu-Implementierung des AD für den Windows Server 2003 als auch zur Migration von Windows 2000 zum Windows Server 2003.